**Über den Autor:**

Reinhard Bettzuege, Jahrgang 1946, ist Karrierediplomat im Auswärtigen Amt mit Auslandsverwendungen in Lissabon, London und Belgrad. Von Oktober 1982 bis Mai 1992 war er enger Mitarbeiter Hans-Dietrich Genschers im Bereich Presse- und Öffentlichkeitsarbeit. In dieser Zeit hat er die dramatischen Entwicklungen in Europa hautnah miterlebt. Dabei ist ihm mehr als einmal deutlich geworden, daß vieles in der Außenpolitik von dem menschlichen Faktor abhängt.

# Reinhard Bettzuege

## HANS-DIETRICH GENSCHER
## EDUARD SCHEWARDNADSE

### Das Prinzip Menschlichkeit

*Herrn Dr. Wilhelm [Störmer]
in herzlicher Verbundenheit
durch gemeinsame Arbeit
und allen guten Wünschen

Reinh. Bettzuege
Berlin 6.2.95.*

**BASTEI LÜBBE**

BASTEI-LÜBBE-TASCHENBUCH
Band 65 101

Der Abdruck der Zitate aus dem Buch
Eduard Schewardnadse, DIE ZUKUNFT GEHÖRT DER FREIHEIT,
Reinbek 1991, erfolgte mit freundlicher Genehmigung
des Rowohlt Verlags.

Erstveröffentlichung
© 1994 by Gustav Lübbe Verlag GmbH,
Bergisch Gladbach
Printed in Germany, September 1994
Einbandgestaltung: Rolf Woschei
Titelbild: Jürgens, Ost und Europa Foto
Satz: Kremerdruck GmbH, Lindlar-Hartegasse
Druck und Bindung: Ebner Ulm
ISBN 3-404-65101-4

Der Preis dieses Bandes versteht sich einschließlich
der gesetzlichen Mehrwertsteuer.

*Für Bea*

**Schewardnadse:** »*Im Verlauf aller dieser Jahre haben wir dieses Gebäude gebaut, das ›gegenseitiges Vertrauen‹ heißt. Ich glaube, eben das hat es uns erleichtert, solche komplizierten Probleme zu lösen, wie es die Vereinigung Deutschlands war.*«

**Genscher:** »*Bei jeder dieser Begegnungen wußte ich, das ist ein guter Mensch, mit dem du zu tun hast. Und für alle diese Begegnungen möchte ich heute herzlich danken.*«

**Schewardnadse:** »*Ich erinnere mich an unsere erste Begegnung in Helsinki. Ich spürte damals, daß ich einen Menschen getroffen habe, dem man vertrauen kann. Ich denke, von da an begann unsere fruchtbare Zusammenarbeit und echte Freundschaft.*«

# Inhalt

Vorwort: Geteiltes Vertrauen
von Roland Dumas ............................................. 11

1. Die erste Begegnung ........................................ 15

2. Außenpolitik wird Weltinnenpolitik ............... 29

3. Gemeinsamkeiten ............................................. 39

4. Der Besuch in Brest ......................................... 51

5. Die Begegnungen in Halle, Windhuk,
   Münster ............................................................. 61

6. Die Architekten der deutschen Einheit ........... 75

7. Der »2+4«-Prozeß ............................................. 93

8. Besuch in Bonn – Erinnerungen um
   Mitternacht ....................................................... 129

9. Schewardnadses Rücktritt ............................... 161

10. Besuch in Tiflis – die Aufnahme
    diplomatischer Beziehungen ........................... 177

11. Auch Genscher tritt zurück ............................ 183

12. Fasching in Wien ............................................ 195

13. Die Taufe ........................................................ 199

14. Held oder Märtyrer ........................................ 209

    Zeittafel .......................................................... 219

    Bildnachweis .................................................. 235

# Geteiltes Vertrauen

Vorwort von Roland Dumas
Außenminister der französischen Republik a.D.

Man wird sich wohl immer wieder die Frage stellen, welchen Anteil einzelne Personen am Verlauf der Geschichte haben. Welches ist ihr Einfluß auf den Ablauf der Ereignisse? Es ist Aufgabe der Forscher, dies zu beantworten, indem sie klären, welche Ereignisse durch zwangsläufige Entwicklungen den Wandel der Gesellschaften oder die Beziehungen zwischen Staaten hervorgerufen und welche Ereignisse durch Persönlichkeiten bewirkt werden, die in entscheidenden Augenblicken vom Schicksal in Situationen hineingestellt werden, in denen sie die Möglichkeit haben, ihren Einfluß geltend zu machen.

Die Aufgabe dieser Experten wird schwierig sein, wenn es darum geht, den so ereignisreichen jüngsten Zeitabschnitt zu untersuchen, in dessen Verlauf es zum Zusammenbruch der kommunistischen Ideologie, zum Ende des Sowjetreichs, zum Fall der Berliner Mauer, zur Vereinigung Deutschlands und zur tiefgreifenden Änderung der seit dem Ende des letzten Krieges bestehenden Weltordnung gekommen ist.

Ich habe diesen Zeitabschnitt miterlebt, an den Ereignissen teilgenommen und zu ihrem Verlauf beigetragen, indem ich abwechselnd mit Hans-Dietrich Genscher und Eduard Schewardnadse oder auch mit beiden gleichzeitig im Rahmen von Treffen auf internationaler Ebene zusammenarbeitete. Dieser Zeitabschnitt war von Diskussionen und Entscheidungen geprägt, hat Hoffnungen genährt und den Frieden gebracht.

Von Eduard Schewardnadse, der seine Amtsgeschäfte im Gefolge von Michail Gorbatschow antrat, gewann ich sehr rasch den Eindruck eines aufgeschlossenen, dialogbereiten Mannes.

Er war sehr zugänglich und sprach stets aufrichtig. Als ich Hans-Dietrich Genscher gegenüber diese meine Meinung äußerte, erklärte er mir, daß er meine Einschätzung des neuen Ministers für auswärtige Angelegenheiten der Sowjetunion teile.

Meine Beziehungen zu Hans-Dietrich Genscher wiederum nahmen 1983 ihren Anfang, als ich zum Minister für europäische Angelegenheiten ernannt wurde. Sie bewährten sich, wurden mit der Zeit enger und entwickelten sich schließlich zu einem freundschaftlichen Verhältnis.

Als Eduard Schewardnadse die Leitung des sowjetischen Außenministeriums übernahm, arbeitete ich im Quai d'Orsay. Dank des vertrauensvollen, freundschaftlichen Klimas, das zwischen Hans-Dietrich Genscher und mir herrschte, konnten wir oft über das besondere Verhältnis sprechen, das wir im Hinblick auf den von uns geplanten Wiederaufbau Europas zur Sowjetunion herzustellen wünschten und das auf einer neuen Grundlage aufbauen sollte.

Die Freimütigkeit, mit der Eduard Schewardnadse uns begegnete, und sein Verhalten in der Öffentlichkeit führten dazu, daß wir dieses Vertrauen teilten, ohne das kein Fortschritt erzielt worden und ohne das jener Anteil an einer Initiative, der dem Handeln eines einzelnen zu verdanken ist, nicht möglich gewesen wäre. Es boten sich viele Gelegenheiten, dieses geteilte Vertrauen auszuloten, aber wir konnten wohl erst bei den sogenannten »2+4«-Gesprächen – mit denen die Nachkriegszeit für Deutschland zu Ende ging – auf seiner Grundlage Fortschritte erzielen.

Das deutsche Volk mußte aus eigener Kraft seine Einheit verwirklichen, und gleichzeitig mußten die Konsequenzen in bezug auf die Rechtsstellung Deutschlands als besetztes Land gezogen werden. Die Probleme waren vielfältig. Sie betrafen das Bestehen der NATO, den Rückzug der Truppen, die Eingliederung des geeinten Deutschland in die Europäische Wirtschaftsgemeinschaft, die Abrüstung, Grenzprobleme usw. In Ottawa haben wir den Stein ins Rollen gebracht und die Dinge dann Schritt für Schritt weitergeführt, bis zu ihrem symbolischen Abschluß in Berlin. Ein starker Anstoß dazu ging von Hans-Dietrich Genscher und mir aus.

Ohne das Vertrauen, das wir in Eduard Schewardnadse setzten, hätten wir dieses schwierige Vorhaben, welches die Geschichte am Ende dieses Jahrhunderts geprägt hat, sicher nicht zu einem guten Ende bringen können. Das Buch über die Beziehungen zwischen diesen beiden Politikern ist eine kluge, interessante Darstellung dieses Zeitabschnitts und dieser sehr ungewöhnlichen Freundschaft.

## 1.

# Die erste Begegnung

Am 8. Juli 1985 sandte der Bundesminister des Auswärtigen, Hans-Dietrich Genscher, an seinen neu ernannten sowjetischen Kollegen Eduard Ambrosijewitsch Schewardnadse das folgende Telegramm:

> »Zu Ihrer Wahl zum Minister für auswärtige Angelegenheiten der Union der Sozialistischen Sowjetrepubliken gratuliere ich Ihnen aufrichtig. Ich wünsche Ihnen bei der Erfüllung Ihrer neuen Aufgabe viel Erfolg und eine glückliche Hand.
>
> Über einen eingehenden Gedankenaustausch mit Ihnen aus Anlaß der Feierlichkeiten zum 10. Jahrestag der Unterzeichnung der KSZE-Schlußakte in Helsinki würde ich mich freuen, zumal auch der 15. Jahrestag des Vertrages vom 12. August 1970 zwischen der Bundesrepublik Deutschland und der Sowjetunion und der 30. Jahrestag der Aufnahme der diplomatischen Beziehungen am 13. September 1955 nahe bevorstehen.
>
> Hans-Dietrich Genscher, Bundesminister des Auswärtigen der Bundesrepublik Deutschland«

In der Rückschau mag es ein gutes Omen gewesen sein, daß der bereits damals mit elf Dienstjahren dienstälteste Außenminister der Welt und der gerade erst ernannte neue sowjetische Außenminister sich ausgerechnet aus Anlaß des festlichen Jubiläums einer Konferenz zum ersten Mal trafen, die sich die Sicherheit und Zusammenarbeit in Europa zum Ziel gemacht hatte. Eine Konferenz im übrigen, die zehn Jahre zuvor, im Jahre 1975, die führende Macht im Osten nicht gewollt und viele Staaten im Westen für ein totgeborenes Kind gehalten hatten – die aber doch in ihren ersten zehn Jahren nicht nur Richtschnur der deutschen Außenpolitik gewesen war, sondern auch Brücken zwischen West und Ost geschlagen hatte, die niemand mehr abreißen konnte. Auch Andrej Gromyko nicht, der 27 Jahre lang als sowjetischer Außenminister die Geschicke der Weltmacht in Moskau gelenkt und an dem Hans-Dietrich Genscher seine hohe Professionalität geschätzt hatte: »Mit Gromyko muß ich nicht jedesmal wieder bei Adam und Eva anfangen«, so hatte er seine häufigen Kontakte mit dem Doyen der sowjetischen Außenpolitik gerühmt. Und nun Schewardnadse. Mit ihm mußte auch der dienstälteste westeuropäische Außenminister wieder ganz von vorne beginnen. Alle waren neugierig auf ihn, zu wichtig war seine Person, zu mächtig sein Amt an der Seite des neuen sowjetischen Regierungschefs Michail Gorbatschow.

Erst fünf Wochen war Schewardnadse im Amt, bis zum Juli 1985 hatte der 57jährige Kaukasier allenfalls Kaderversammlungen seiner georgischen KP-Funktionäre geleitet. Das westliche Ausland war ihm dagegen weitgehend unbekannt, und selbst in Osteuropa hatte kaum jemand eine persönliche Vorstellung von ihm, wußte keiner, was für ein Mensch er war. Ein Diplomat aus Warschau berichtete in Helsinki, wie verblüfft die polnische Führung über die Nachricht von der Ernennung des georgischen Parteisekretärs zum sowjetischen Außenminister gewesen sei. Niemand hatte ihn seit seinem Amtsantritt so richtig zu Gesicht bekommen, ausgenommen der amerikanische Botschafter, mit dem Schewardnadse die Modalitäten des für November 1985 geplanten Gipfeltreffens zwischen Präsident Ronald Reagan und Michail Gorbatschow besprochen hatte. Für die meisten westlichen Beobachter in Moskau blieb Schewardnadse in seinen ersten Amtstagen eine unbekannte Größe.

Kein Wunder, daß Hans-Dietrich Genscher mit besonderer Neugierde nach Helsinki geflogen war und auch seinen Bonner Missionschef in Moskau, Botschafter Hans-Jörg Kastl, mitgenommen hatte, der bis dato seinen künftigen sowjetischen Ansprechpartner auch noch nicht kennengelernt hatte. Weitere 34 Außenminister und 1200 angereiste Journalisten blickten auf den neuen Mann.

Als Eduard Schewardnadse am Montag, dem 29. Juli 1985 einen Tag vor Beginn der Konferenz in Helsinki landete, schien er vom ersten Augenblick an das allgemeine Interesse an seiner Person sichtlich zu genießen. Von Anfang an gab er sich kontaktfreudig, gut gelaunt und heiter. Im hellen Sommeranzug, mit schwungvoller silberner Locke über der Stirn, ging er nach dem Verlassen seiner Aeroflot-Sondermaschine sogleich vergnügt auf die Mikrophone der Rundfunk- und Fernsehreporter zu und beantwortete locker, geradezu charmant, wenngleich diplomatisch nichtssagend, die ersten an ihn gerichteten Fragen. Später ließ er, wie bei seinem Vorgänger Andrej Gromyko stets üblich, ein staatsmännisch abgefaßtes Statement verteilen, das er jedoch bei seiner Ankunft gar nicht verlesen hatte.

Noch am gleichen Tag empfing der mittelalte »Jungdiplomat«, wie ihn ein deutscher Journalist bezeichnet hatte, einzeln und nicht en bloc, wie Gromyko es getan hätte, die Genossen Außenminister aus dem Ostblock. Sie erlebten einen Sowjetmenschen, der sich in jeder Hinsicht von seinem Vorgänger unterschied. Und das merkten auch sehr schnell die Außenministerkollegen aus dem Westen und aus den neutralen KSZE-Staaten, die ihn am nächsten Vormittag am Konferenzort in der Finlandiahalle zum ersten Mal zu Gesicht bekamen.

War Gromyko weltweit, seinem Spitznamen Grimm-Grom gemäß, meist mit mürrischer Miene und schiefgezogenem Mund aufgetreten und kaum je für einen knurrigen Scherz zu haben gewesen, so schien Schewardnadse die Freundlichkeit in Person: Man erlebte ihn nur mit stets breitem Lächeln und oft mit einem herzlichen Lachen. Immer modisch gekleidet, strahlte er eine wohlwollende Heiterkeit aus, die einem erfolgreichen Public-Relations-Mann wohl angestanden hätte. Seine außenpolitische Unerfahrenheit und seine mangelnden Sprachkenntnisse – selbst des Russischen war Schewardnadse nur mit starkem Dialekt mächtig – ersetzte er durch seinen kaukasischen Charme.

So ließ er im Parkett der Finlandiahalle lachend seine Zähne blitzen, als er zum ersten Mal seinem deutschen Amtskollegen Hans-Dietrich Genscher begegnete. Als sich am Nachmittag des ersten Konferenztages alle 35 Außenminister der KSZE-Staaten zum traditionellen Familienfoto gruppierten, schlängelte sich der Bundesaußenminister behende in die erste Reihe, direkt neben seinen neuen sowjetischen Kollegen, um mit ihm den dringend erwünschten persönlichen Kontakt aufzunehmen.

Bei dem kurzen Händedruck richtete Schewardnadse Hans-Dietrich Genscher die besten Grüße von Andrej Gromyko aus und sagte: »*Ich hoffe, daß wir die gleichen guten Beziehungen haben werden, wie sie zwischen Ihnen und meinem Vorgänger bestanden haben.*« Anschließend gehorchte Schewardnadse wie seine Kollegen klaglos den Anweisungen der Bild-Reporter, rückte eine Stufe vor, fand sich zu neuem Händedruck bereit, unterwarf sich den Anforderungen der Medien. Aber wo der Routinier Gromyko solche Auftritte mit bärbeißiger Souveränität hinter sich gebracht hatte, ließ Schewardnadse Unsicherheit auf dem für ihn noch ungewohnten Parkett erkennen, auch wenn er sich geduldig und stets lächelnd dem Blitzlichtgewitter der Fotografen aussetzte. Eingerahmt war er zur linken von einem braungebrannten und gut gelaunten Hans-Dietrich Genscher und zur rechten vom amerikanischen Kontrahenten George Schulz, beides Profis, denen das Händeschütteln vor Kameras bereits zur zweiten Natur geworden war.

Genscher mußte allerdings noch zwei Tage warten, bis zum Nachmittag des letzten Jubiläumstages, als Schewardnadse ihn am 1. August 1985 kurz vor seinem Rückflug zu einem einstündigen Gespräch im Finlandiahaus empfing.

Der sowjetische Außenminister wurde von Botschafter Dobrinin begleitet, der von Kreml-Astrologen einmal als möglicher Nachfolger Gromykos gesehen worden war und der, so schien es, die Rolle eines treusorgenden Pfadfinders im Gewirr der diplomatischen Mammutveranstaltung des KSZE-Jubiläums übernommen hatte. Ebenfalls anwesend bei diesem Treffen waren der Vize-Außenminister Komplektov, Botschafter Kwitzinski, der Pressesprecher des Außenministeriums Lomeiko, der stellvertretende Leiter der dritten europäischen Abteilung, Ussyschenko, und der Dolmetscher Kurbakow. Auf der deutschen Seite fanden sich Botschafter Kastl, der Leiter des Ministerbüros, Hans-Friedrich von Ploetz, und der altgediente Dolmetscher Hermann Scheel. Noch in Anwesenheit der Presse kam es zu einem kurzen Meinungsaustausch, den Genscher mit der Feststellung einleitete, seine Erwartungen für das KSZE-Jubiläum hätten sich erfüllt, denn es habe sich gezeigt, daß das Jubiläum mehr gewesen sei als nur ein Austausch von Reden. Schewardnadse stimmte ihm zu und sagte, die Begegnung sei insgesamt erfreulich und in einer positiven Richtung verlaufen. Der Gesamtgeist sei gut. Und dann begann die erste Begegnung der beiden Minister, die so wichtig für das persönliche Kennenlernen und die gegenseitige Einschätzung war und die deshalb Hans-Dietrich Genscher mit besonderer Spannung erwartet hatte.

Niemand im Raum hätte an diesem 1. August 1985 zu denken gewagt, daß nur vier Jahre später die Welt ein anderes Gesicht haben würde, das kommunistische Weltreich zerfallen wäre, der Warschauer Pakt aufgehört hätte zu existieren, der sowjetische Außenminister Eduard Schewardnadse wegen drohender Putschgefahren von Rechts zurückgetreten sein würde und Deutschland kurz vor der Wiedervereinigung stände. All dies in nur vier Jahren? Derlei Vorstellungen hätte man der sommerlichen Hitze in Helsinki wegen in das Reich der Tagträume verwiesen.

Schewardnadse eröffnete das Gespräch mit der Bemerkung, bei einem Zusammentreffen mit einem sehr erfahrenen Kollegen, dessen Namen er nicht nennen wolle (zweifellos Gromyko), habe der gesagt, daß hinter ihm, dem Kollegen Genscher, die große Erfahrung, hinter ihm, Schewardnadse, aber die Wahrheit stehe. Genscher revanchierte sich sogleich mit der Frage, ob es denn Wahrheit ohne Erfahrung oder Erfahrung ohne Wahrheit geben könne, und wurde von Schewardnadse mit der Bemerkung beschieden, es sei immer gut, wenn beides vorhanden sei.

Schewardnadse wollte die einstündige Begegnung zu einem konstruktiven Sachgespräch nutzen, stellte aber mit Hinweis auf die begrenzte Gesprächszeit fest, es werde sich in Zukunft Gelegenheit zu einer gründlichen Erörterung all der Probleme finden, die die bilateralen Beziehungen und darüber hinaus die ganze Welt bewegten. Schewardnadse bezog sich dann auf den bevorstehenden 15. Jahrestag des Abschlusses des Moskauer Vertrages, der in Moskau vorbereitet werde, und würdigte ihn als einen Vertrag, der eine sehr gute Grundlage und ein stabiles Fundament für die Entwicklung der deutsch-sowjetischen Beziehungen darstelle. Und dann sagte Schewardnadse einen grundlegenden Satz, der rückblickend einen beinahe prophetischen Charakter hatte:

*»Auf dem Fundament des Moskauer Vertrages kann man ein Gebäude errichten. Ob es gut oder schlecht wird, hängt von den Architekten und von den Bauleuten ab, wo-*

*bei die staatlichen Stellen die Architekten und die Bevölkerung die Bauleute sind. Ich hoffe, daß es ein gutes Gebäude wird.«*

Ob damit schon das »Europäische Haus« gemeint war, von dem Michail Gorbatschow später schwärmte? Ob damit bereits das Gebäude einer »neuen Weltordnung« skizziert werden sollte, von der der amerikanische Präsident George Bush vier Jahre später sprechen würde?

Eines war allen Anwesenden klar: Dies war eine ausgestreckte Hand, die ergriffen werden sollte – zum Wohle der beiderseitigen Beziehungen und im Sinne des Aufeinanderzugehens von West nach Ost und von Ost nach West. Die folgende Unterhaltung zeigte, wie ernst es Schewardnadse mit dem Thema Zusammenarbeit war. *»Jetzt ist die Zeit, die großes Verantwortungsbewußtsein verlangt. Die Ursachen der Spannungen müssen ergründet und bewältigt werden!«* rief er emphatisch aus, als er Genscher von seiner Begegnung mit George Schulz berichtete, mit dem er den bevorstehenden Gipfel der Supermächte vorbereitet hatte.

Niemand darf vergessen, daß die Zeichen zwischen West und Ost in diesen Jahren nicht auf Gutwetter standen. In der Bundesrepublik Deutschland waren erst zwei Jahre zuvor, im Sommer 1983, neue Mittelstreckenraketen des Typs Pershing aufgestellt worden, in Umsetzung des NATO-Doppelbeschlusses, der die Sowjets dazu zwingen sollte, ihre einseitig aufgestellten Mittelstreckenwaffen des Typs SS20 rund um Westeuropa wieder abzuziehen. Auch das Sternenkriegprogramm SDI des amerikanischen Präsidenten Reagan war 1983 verkündet worden und die Bundesregierung hatte, entgegen Genschers eindringlichem Rat, sich mit diesem Programm im Rahmen eines Regierungsabkommens solidarisch erklärt. Ganz unvermittelt stellte Schewardnadse dann Genscher eine Frage, die er selbst als naiv bezeichnete: »*Wollen Sie, daß nukleare Explosionen weitergehen? Ich glaube es nicht.*« Tatsächlich hatte Gorbatschow einen diesbezüglichen Vorschlag unterbreitet und selbst auch angekündigt, die sowjetischen Atomversuche einzustellen. Der deutsche Außenminister wies in seiner Antwort darauf hin, daß die Sowjetunion eine Großmacht sei, die Bundesrepublik Deutschland jedoch nicht. Wir seien ein Land im Herzen Europas, ein Land in einer besonderen geographischen Lage, das durch sein Gewicht in der Europäischen Gemeinschaft und dem atlantischen Bündnis und mit seinem Willen zum Ausgleich zwischen West und Ost beizutragen habe. Zwar sei die Bundesrepublik Deutschland kein unmittelbarer Nachbar der Sowjetunion, trotzdem hätten wir eine gemeinsame Geschichte mit bitteren Kapiteln, das bitterste sei der Zweite Weltkrieg. Aber er verwies auch auf die Zuneigung der beiden Völker und auf die vielen positiven Kapitel in der Vergangenheit und hoffentlich auch in der Zukunft. Die Gefühle der deutschen Landsleute gegenüber den Bürgern in der Sowjetunion seien positiv. Darauf könne man vertrauen. Dies sei ein gutes Fundament für das Gebäude, von dem der sowjetische Kollege gesprochen habe.

Und dann wurde Genscher ganz ernst, als er davon sprach, daß das gegenwärtige Gespräch an diesem Tisch nicht viel wert sei, wenn man nicht auch über die Gefühle der Menschen spräche, für die man hier stellvertretend am Tisch säße:

*»Die Art, wie wir unsere Beziehungen gestalten, ist nämlich nicht nur eine Frage für die Bundesrepublik Deutschland und die Sowjetunion allein, sondern sie ist etwas, worauf alle Europäer blicken, weil sie sich der zentralen Bedeutung der deutsch-sowjetischen Beziehungen für das ganze West-Ost Verhältnis bewußt sind. Aus dieser Verantwortung heraus wollen wir unsere Beziehungen zu Ihnen gestalten.« Und Genscher fügte hinzu: »Herr Außenminister, nehmen Sie die Gewißheit mit nach Hause, daß die Sowjetunion in der Bundesregierung einen aufrichtigen Partner findet und das Wort Zusammenarbeit für uns in seiner umfassendsten Bedeutung gilt.«*

Zum Ende des Gesprächs wurde Genscher noch einmal sehr persönlich. Er erinnerte seinen Gesprächspartner daran, daß beide dem gleichen Jahrgang angehörten, beide waren 57 Jahre alt, beide hatten als Soldaten die Schrecken des Zweiten Weltkrieges erlebt, aber beide waren auch noch jung genug, um ihr Leben einer Politik widmen zu können, die unter allen Umständen eine Wiederholung solcher Katastrophen vermeiden wollte.

*»In diesem Sinne möchte ich mit Ihnen zusammenarbeiten, und ich hoffe, daß ich in wenigen Wochen in New York am Rande der Generalversammlung der Vereinten Nationen dieses Gespräch fortsetzen kann. Was hier in Helsinki bei der Durchführung der Schlußakte der KSZE getan wird, was in Stockholm und in Wien und in den bilateralen Beziehungen geschieht, dient der politischen und der militärischen Vertrauensbildung. Je mehr die Zusammenarbeit ausgebaut wird und je mehr die gegenseitige Verständigung vertieft wird, desto leichter wird es sein, zu konkreten Ergebnissen in den Abrüstungsverhandlungen*

*zu kommen. Es gibt noch sehr großes Mißtrauen, das muß durch politische Vertrauensbildung und durch Maßnahmen der Überprüfung auf beiden Seiten abgebaut werden. Alles was wir tun, sehen wir auch in diesem Sinn. Wir werden das uns Mögliche tun. Dabei vergessen wir auch die Geschichte nicht, das Schmerzliche darin wie auch das Gute.«*

Schewardnadse, der die Erwiderung Genschers mit nachhaltigem Kopfnicken zur Kenntnis genommen hatte, dankte Genscher in ebenso großer Offenheit und Aufrichtigkeit, als er sagte:

*»Europa ist die Hauptarena beider Weltkriege gewesen, Europa hat am meisten gelitten. Mir ist bewußt, welche Opfer das deutsche Volk gebracht hat. Die Sowjetunion hat 20 Millionen Menschen im Zweiten Weltkrieg verloren. Manche treiben heute die Dinge wieder in einer Weise voran, daß Europa wieder zum Kampffeld, diesmal eines nuklearen und damit viel schrecklicheren Krieges werden kann. Wir hatten hier in Helsinki eine gute Konferenz, ich freue mich auf unsere nächste Begegnung in New York.«*

Danach Aufbruch, Blaulicht und Sirenen der die Politiker begleitenden Polizeieskorten, Rückflug von 35 Außenministern in ihre Hauptstädte, das zehnte Jubiläum der Konferenz für Sicherheit und Zusammenarbeit in Europa war gefeiert worden, und es hatte einen neuen Star geboren. Mit dem weltgewandten Georgier Schewardnadse aus der sowjetischen Provinz war ein neuer roter Stern über dem Kreml aufgegangen: In der Sache getreu den Weisungen des Politbüros und seines Generalsekretärs, klar auf Kurs, bei Bedarf flexibel, im Ton gemäßigt, im persönlichen Umgang enorm gewinnend. Mit anderen Worten: ... eine Mischung, die ernstgenommen werden mußte.

Die Nachrichtenagentur ap faßte das Ergebnis der ersten Begegnung des neuen sowjetischen mit dem alten deutschen Außenminister in einer nüchternen Meldung zusammen:

»*Helsinki (ap) Zum Abschluß seines Besuchs in Helsinki ist Bundesaußenminister Hans-Dietrich Genscher am Donnerstag mit dem neuen sowjetischen Außenminister Eduard Schewardnadse zusammengetroffen. Als Themen des Meinungsaustauschs nannte Genscher das Ost-West-Verhältnis und Abrüstungsfragen sowie auch das geplante amerikanisch-sowjetische Gipfeltreffen in Genf und bilaterale Fragen. Schewardnadse brachte dabei den Wunsch zum Ausdruck, mit Genscher das gleiche Arbeitsverhältnis zu entwickeln, wie mit seinem Vorgänger Andrej Gromyko. Die beiden Minister kamen überein, den Meinungsaustausch bei der UNO-Vollversammlung im September fortzusetzen. Über einen Besuch Schewardnadses in der Bundesrepublik Deutschland wurde konkret noch nicht gesprochen.*«

Diese lakonischen Worte Erich Esihs gaben den Beginn einer ernsthaften und auf Vertrauen aufbauenden Zusammenarbeit nur unvollkommen wieder. Später wurde Schewardnadse von Vera Tschechowa in einem Interview gefragt, wann seine Freundschaft mit Hans-Dietrich Genscher eigentlich begonnen habe. Seine Antwort führte zurück zu dieser allerersten Begegnung in Helsinki:

»*Unsere Beziehung begann im Jahre 1985 in Helsinki, zehn Tage nachdem ich zum Außenminister ernannt worden war. Es ist dort etwas Eigenartiges passiert. Wir trafen uns als Gegner, und irgendwie kamen wir wortlos übe-*

*rein, daß wir gute Partner werden. Unter Politikern gibt es machmal so einen Konsens intuitiver Macht. Genscher war damals eine Persönlichkeit, ich machte gerade die ersten Schritte. Schon nach der ersten Begegnung hatte ich den Eindruck, daß mit diesem Mann eine gute Zusammenarbeit funktionieren würde. Dann wurden wir Freunde, wie merkwürdig das auch klingen mag ...«*

## 2.

# Außenpolitik wird Weltinnenpolitik

»*Im Juli 1985 gewann für mich ›das Antlitz der Welt‹ konkrete Züge*«, so beschreibt Eduard Schewardnadse in seinem Buch »Die Zukunft gehört der Freiheit« seine persönlichen Erfahrungen bei seinem ersten internationalen Auftritt als neuer sowjetischer Außenminister in Helsinki. Er stellt fest:

»*Durch den offiziellen Höflichkeitsaustausch hindurch spürte ich lebhaftes menschliches Interesse. Ich bemerkte aufrichtiges Wohlwollen bei meinen Kollegen, den freimütigen Wunsch zu erfahren, wer da unerwartet in ihren Kreis geraten war. Ich will nicht behaupten, mir wäre dabei ausgesprochen wohl gewesen, aber ich musterte meinerseits meine Kollegen. Jeden von ihnen beobachtete ich sehr aufmerksam, vor allem darauf bedacht, herauszubekommen, was für ein Mensch er sei. Ich war bemüht, mich der ideologischen Brille zu entledigen, durch die dieser oder jener Repräsentant des Westens wie ein hinterhältiger Widersacher aussah. Der durch die Ideologie fixierte und kanonisierte Antagonismus gebot, auf der Hut zu sein: Paß auf, daß man dich nur ja nicht über's Ohr haut und um den Finger wickelt! Dieses irgendwann einmal eingebürgerte Klischee, abgeleitet aus dem Grundsatz, in der Diplomatie heilige der Zweck beliebige Mittel, seien es auch Betrug und Fälschung, machte mich stutzig. Die bis in unsere Zeit erhaltenen Gepflogenheiten der Talleyrands und Metternichs wollten sich so gar nicht auf jene Normen reimen, an die ich mich zu halten gedachte: Ehrlichkeit und Rechtschaffenheit in sachlichen Diskussionen mit dem Partner, was unbedingte Prinzipienfestigkeit voraussetzt. Ich wollte, daß meine Partner mir vertrauten, und ich selbst wünschte, ihnen zu vertrauen.«*

In sehr freimütiger Weise gibt Schewardnadse hier den Blick auf seine außenpolitische, aber auch auf seine menschliche Philosophie preis. Er betont, ihm sei es stets vor allen anderen Dingen wichtig, daß sein Gesprächspartner in ihm den Menschen sehe und nicht den Repräsentanten einer feindlichen Idee. Wo immer dies nicht gegeben war, hielt er die Gespräche von vornherein für aussichtslos. Er fügt hinzu, daß er damit die Interessen seines Landes nicht außer acht ließe, sie aber immer auch an den Interessen seines Partners messe. Dadurch war es dem Außenpolitiker Schewardnadse möglich, das Trennende klar zu definieren, gleichzeitig aber das Verbindende zu erkennen.

Und dann wird aus dem Politiker unversehens der Philosoph, aus dem georgischen Parteifunktionär ein Weltbürger, der nationale Interessen als sich ständig verändernde Kategorien begreift, aber die eine Welt mit wechselseitig voneinander abhängigen Teilen als höchsten gemeinsamen Wert begreift. So gelingt es ihm auch, den Übergang von der Dialektik des Marxismus zu global verantwortlichem Denken herbeizuführen. Dies erreicht Schewardnadse, indem er die Philosophie der friedlichen Koexistenz als Universalprinzip der internationalen Beziehungen mit dem neuen Inhalt des absoluten Vorrangs der allgemeinen menschlichen Werte versieht. Bis zu Schewardnadses Amtsantritt erstreckte sich das Prinzip der friedlichen Koexistenz allein auf die Beziehungen zum Klassenfeind, während für die ideologische Familie des Warschauer Pakts ein ganz anderes Prinzip maßgeblich war: der proletarische Internationalismus. Schewardnadse hatte keine Probleme, den Aufbruch in ein neues Denken gerade an diesem Punkt sichtbar zu machen, indem er die sowjetische Interventionspolitik geißelte:

»*Gemäß diesem Prinzip durften wir uns auch in die Angelegenheiten unserer Verbündeten z.B. des Warschauer Pakts einmischen, notfalls sogar mit Waffengewalt.*«

Gerade in der partnerschaftlichen Zusammenarbeit, der Verständigung über Interessen hinweg, sah Schewardnadse die Möglichkeit für die Erhaltung und Neugestaltung der Welt. Und von dieser Philosophie scheint der Weg ins Religiöse nicht mehr weit. In seinem Buch schöpft er aus diesem Prinzip der Menschlichkeit in der lebendigen Praxis der internationalen Beziehungen die Hoffnung, es werde »*womöglich im künftigen Weltgefüge zu einer Synthese des durch die Menschheit zusammengetragenen Guten kommen*«.

Auch an sein Amt stellte er besondere Ansprüche. Außenminister sei kein Posten, sondern ein Beruf, so versuchte er gegenüber Gorbatschow Argumente für seine Ernennung zu finden. Vor seinem endgültigen Umzug nach Moskau und den neuen großen Herausforderungen, die sein Amt an ihn stellen würde, suchte Schewardnadse einige Stunden der Besinnung in seinem elterlichen Haus in dem kleinen Dorf Mamati.

*»Das elterliche Haus empfing mich mit dem Lächeln der Verwandten und Landsleute. Bei einem bescheidenen Essen gedachten wir der Toten. Dann ging ich zum Friedhof und verweilte ein wenig vor den Grabplatten.«*

Die Gefühle, die sich damals seiner bemächtigten, wollte er in seinem Buch nicht preisgeben, vielleicht finden wir sie einmal in seinen Memoiren. Diese Rückkehr zu den eigenen Ursprüngen offenbart ein Grundmuster im Denken des Menschen Schewardnadse.

Seine nachdenkliche Bescheidenheit wich auch nicht, als er am 2. Juli 1985 im siebten Stockwerk – im Zimmer 706 – des sowjetischen Außenministeriums am Smolensker Platz in Moskau seine knappe Antrittsrede hielt:

*»Ich habe vor, Ihnen nichts zu verbergen, meine Situation ist schlimm genug. Ich bin nicht in der Lage, Sie durch Kenntnisse im Bereich der Außenpolitik zu verblüffen. Ich kann nur versprechen, so zu arbeiten, daß ich mich vor Ihnen nicht zu schämen brauche und Sie sich für mich nicht schämen müssen. Aber ich bin mir trotzdem nicht sicher, ob daraus etwas werden kann. Ich werde es besonders schwer haben angesichts des Ansehens von Andrej Gromyko und jenes Erbes, das er hinterlassen hat. Was bin ich im Vergleich zu ihm, einem international anerkannten Kreuzer der Außenpolitik? Nur ein Boot. Doch mit Außenbordmotor.«*

Auch Genscher hatte bei seinem Amtsantritt seinem Vorgänger gehuldigt: *»Sie haben Maßstäbe gesetzt, die jeden möglichen Nachfolger mit einer gewissen Beklemmung hier eintreten lassen.«*

Im »Spiegel« wurde sein Amtsantritt am 17. Mai 1974 so beschrieben:

*»Programmatischer Auftakt soll Genschers Auftritt bei der Frühjahrskonferenz der NATO in Ottawa sein. Dort werden die internationalen Profis Mitte Juni einen ihnen gänzlich unbekannten Laien-Diplomaten erleben, der des Englischen kaum mächtig ist. Washington hat der AA-Chef erst einmal gesehen – 1962 als junger Gehilfe des damaligen F.D.P.-Vorsitzenden Erich Mende, der dem US-Präsidenten John F. Kennedy seine Aufwartung machte.«*

Beide Politiker wurden also von ähnlichen Gefühlen beherrscht, als sie ihr Amt antraten. Doch beide wollten ihre ganze Kraft auch dafür einsetzen, zu einer Politik der Entspannung beizutragen. So fügte Schewardnadse hinzu, daß er es für die wichtigste Aufgabe der neuen Außenpolitik halte, einen Beitrag zur Verbesserung der weltpolitischen Konzeption zu leisten. Er wollte die Welt nicht länger als ein Feld des permanenten Kampfes von Systemen, Lagern und Blöcken betrachten und nicht länger zulassen, daß Feindbilder sich den Vorstellungen von Millionen von Menschen in allen Teilen der Welt bemächtigten:

*»Dieses Feindbild aus der Welt zu schaffen ist das wichtigste Ziel angesichts einer weltpolitischen Entwicklung, in der die tatsächlichen Feinde der Menschheit immer näherrücken und sie mit dem Untergang bedrohen - der nukleare Krieg, die ökologische Katastrophe, der Zerfall des Weltwirtschaftssystems.«*

Hier beginnen die Gemeinsamkeiten mit den Zielen der deutschen Außenpolitik. Dazu kann man getrost einen Blick auf die Präambel des Grundgesetzes werfen, die Hans-Dietrich Genscher nicht müde wurde, als sein außenpolitisches Credo wieder und wieder herzubeten:

*»... Ihre nationale und politische Einheit zu wahren, dem Frieden der Welt zu dienen als gleichberechtigter Partner in einem vereinten Europa.«*

Wo Einheit wachsen soll, Gleichberechtigung herrscht und der Frieden das höchste Ziel ist, haben Feindbilder keinen Platz. In seiner Rede aus Anlaß des 50. Jahrestages des deutschen Überfalls auf die Sowjetunion in Potsdam am 21. Juni 1991 sagte Genscher:
*»Heute fragen sich die Menschen: Wie war es möglich, daß Deutsche und Russen aufeinander schießen konnten? Kriege beginnen mit der Unfreiheit und mit der Nichtachtung der Menschenwürde, mit Arroganz und Intoleranz. Sie beginnen im Herzen, wenn Feindbilder das Denken bestimmen, wenn andere Völker in ihrer Würde herabgesetzt werden.«*

Ähnliches hatte er bereits in einer Rede in Düsseldorf am 29. April 1990 festgestellt:
*»Gewalt entsteht nicht aus sich selbst, sie wächst aus der Verachtung der Menschenwürde, der Geringschätzung des anderen, aus Feindbildern - den inneren und den äußeren. Gewalt ist Krieg, Krieg unter den Menschen, Krieg zwischen den Völkern, Krieg der Menschen gegen die Natur.«*

Und auch schon in Bremen hatte Genscher am 10. Februar 1989 konstatiert: *»Für eine Institution eines demokratischen Staates sind Feindbilder wesenfremd. Es müßte im übrigen schlecht bestellt sein um unseren demokratischen Staat und um unser westliches Bündnis, wenn sie für ihre Rechtfertigung der Feindbilder bedürften.«*

In diesem Grundgefühl lag die Wurzel für das Verständnis der beiden Politiker und der beiden Menschen Genscher und Schewardnadse füreinander. In langen Jahren einer auf Vertrauensbildung aufgebauten Außenpolitik der Bundesrepublik Deutschland war das Ziel glaubhaft geworden: überkommene antagonistische Sicherheitsstrukturen in Europa zugunsten einer europäischen Friedensordnung zu überwinden. Diese Philosophie teilte auch Schewardnadse.

Er beschrieb sie so:

*»Von einzelnen vertrauensbildenden und Offenheit fördernden Maßnahmen in den internationalen Beziehungen muß man zu einer globalen Politik der Offenheit übergehen, die dann zum Bestandteil der allgemeinen Sicherheit und des Weltfriedens wird.«*

Das Bewußtsein der gemeinsamen Verantwortung für ein friedliches Zusammenleben war über die Grenzen hinweg gewachsen. Ein Beispiel dafür ist die deutsch-französische Aussöhnung. Langsam, Schritt für Schritt waren Feindbilder überwunden worden, die über Generationen zwischen den Völkern entstanden waren, die die Herzen von Millionen junger Menschen vergiftet und Kriege verursacht hatten. Aus Feindbildern sollten Freundbilder werden. Am sichtbarsten wurde dieses Bemühen auf dem Wiener Seminar über Sicherheitskonzepte und Miltärdoktrinen vom 16. Januar bis 5. Februar 1990 im Rahmen der Verhandlungen über vertrauens- und sicherheitsbildende Maßnahmen. Die Sprecher der 35 KSZE-Teilnehmerstaaten, unter ihnen die höchsten militärischen Führungspersönlichkeiten, schworen der Feindbildpropaganda und der Haßerziehung in den Streitkräften ab. Der Dienst des Soldaten, wenn er, wie wir es in der Bundesrepublik Deutschland immer getan haben, als Friedensdienst verstanden wird, schließt Haß- und

Feindbild aus. »*Der Geist der Feindschaft und des Hasses darf in der Ausbildung von Soldaten keinen Platz finden*«, so Bundespräsident Richard von Weizsäcker beim Neujahrsempfang des Diplomatischen Corps im Januar 1989.

Schewardnadses Erkenntnis ging in die gleiche Richtung:

*»Es ist also erforderlich, aus der Mauer von Feindseligkeit und Mißtrauen Steine herauszubrechen, damit die Welt durch die entstandene Öffnung Orientierungspunkte sehen kann, die ihrer wirklich würdig sind.«*

Auf dem 27. Parteitag der KPdSU enthielt der Rechenschaftsbericht des neuen Außenministers, gehalten am 25. Februar 1986, kategorische Absagen an die bis dato im Sowjetreich herrschende Politikauffassung.

Er vertrat:
- eine internationale Zurückhaltung in Übereinstimmung mit den Normen zivilisierter Beziehungen und die Verpflichtung gegenüber den Kriterien der menschlichen Moral
- die These von der ganzheitlichen Welt
- die These vom menschlichen Leben als höchstem Ziel gesellschaftlicher Entwicklung
- die Lösung aller Streitfragen ausschließlich mit politischen Mitteln
- das Prinzip der Freiheit der Wahl, die in einer Welt ohne Waffen und Gewalt realisiert werden kann
- die Erkenntnis von der Unteilbarkeit der Sicherheit.

Schewardnadse wollte damit den kalten Krieg endgültig überwinden und zum »Prinzip des Vorrangs gesamtmenschlicher Werte« zurückkehren. Er hielt es nicht nur moralisch für fragwürdig, sondern auch für politisch gefährlich, die nationale Sicherheit auf Panzer und Gefechtsköpfe zu stützen und Leben und Wohlergehen der Menschen dabei nicht zu berücksichtigen.

Diese Erkenntnis war es auch, die Schewardnadse, wie er einmal öffentlich zugab, die Person seines politischen Gegenübers als Partner und nicht als Gegner begreifen ließ:

*»Als ich Hans-Dietrich Genscher mir am Tisch gegenüber sah, da wollte ich nicht glauben, daß dieser Mann ein Feind sein könnte.«*

Auch zwischen Hans-Dietrich Genscher und Andrej Gromyko hatte es Momente mit fast freundschaftlichem privaten Charakter gegeben, etwa als man sich über die Kinder und die Sorgen eines Familienvaters unterhielt - aber nie erreichte diese Vertrautheit die Ebene der Politik, zu groß war das Mißtrauen in die Vernichtungskapazität der jeweils anderen Seite, zu unüberwindbar war der Eiserne Vorhang von Ideologien und militärischer Wachsamkeit.

Vor diesem Hintergrund lohnt es sich, Gemeinsamkeiten im Leben der beiden Politiker nachzugehen, die menschliche Zuneigung erzeugten, die wiederum Politik berechenbar und damit erfolgreich machte.

## 3.

# Gemeinsamkeiten

Eduard Ambrosijewitsch Schewardnadse kam am 25. Januar 1928 in dem kleinen Dorf Mamati unweit des Schwarzen Meeres in Westgeorgien zur Welt. Er beschreibt seine Heimat so: *»Grüne Hügel, deren Hänge in den Wällen der Teeplantagen zu den sumpfigen Ebenen der Kolchosniederung hinabstiegen, der fließende Silberstreifen der Supsa, die Buchenwälder auf den Anhöhen. Aus Buchenstämmen, die zu spiegelglatten Brettern zersägt waren, war das Haus gebaut - das einstöckige Haus auf Pfählen. Ich habe immer noch die Maserungen auf der Oberfläche frisch zersägten Buchenholzes in Erinnerung, die sich zu einem bizarren Muster verflochten.«*

Mamati gehört zur Provinz Gurien, die sich ethnographisch, im Dialekt, aber auch hinsichtlich Natur und Klima merklich von den anderen georgischen Provinzen unterscheidet. Georgien liegt an der Grenze zwischen Europa und Asien, an einer alten Kreuzung der wichtigsten Wege von Völkern und Zivilisationen, dort wo über die Jahrhunderte hinweg Kulturen und Glaubensbekenntnisse, aber auch die strategischen Interessen der Großen dieser Welt sich trafen. Schewardnadses Vorfahren mütterlicherseits besaßen am Ufer des Flusses Supsa einen Hektar Land und galten damit als ziemlich wohlhabend. Der Vater Schewardnadses war Lehrer in der Schule des Dorfes Dsimiti. Vom Dorfleben sagt Schewardnadse:

»*Das Dorfleben ist schön durch seine Offenheit, dort ist alles unversteckt - die Menschen und ihre Taten. Es ist schön, weil es den Menschen von Kind an in den Kreis der alltäglichen Pflichten einbezieht und ihn zwanglos zu einem vernünftigen und nützlichen Tätigsein inspiriert. Das Resultat liegt stets vor Augen - man kann es mit den Händen greifen. Niemand sagte mir: Du mußt...ich wußte, was ich zu tun hatte, und das, was ich tat, bereitete mir Freude.*«

Auch Hans-Dietrich Genscher ist in einem kleinen Dorf geboren, in Reideburg bei Halle an der Saale – am 21. März 1927, nur zehn Monate vor Schewardnadse. Auch er verbrachte seine frühe Jugend auf einem Bauernhof, erlebte und liebte das Dorfleben. Wenn Schewardnadse beschreibt, daß er schon als kleiner Junge auf den Plantagen beim Teepflücken half, so wissen wir von Hans-Dietrich Genscher, daß er nichts lieber tat, als auf dem Traktor seines Onkels beim Einbringen der Ernte zu helfen. Der Verlust des Vaters war für beide Jungen eine frühe Erfahrung. Wenn Schewardnadse in seinem Buch besonders herausstellt, daß in der georgischen Sprache alle Begriffe von Bedeutung mit dem Wort Mutter verbunden sind, z.B. Muttererde, Muttersprache, Mutterstadt, Mutterheimat, so wissen wir von einer ausgeprägten Liebe Genschers zu seiner Mutter Hilda, die bis ins hohe Alter in seinem Haus lebte und deren Wohlergehen ihm seit dem Tod des Vaters oberstes Anliegen war. Nie hat Genscher seinen Ursprung aus dem sächsischen Halle aus den

Augen verloren, weil er der Meinung war, daß jeder Mensch Wurzeln braucht, die ihn auch in stürmischen Lebenslagen im Gleichgewicht halten. Darüber hinaus verbindet ein existenzielles Erlebnis Schewardnadse mit Genscher, die Erfahrung mit der Krankheit Tuberkulose. Ebenso wie Genscher erkrankte er als junger Student in Tiflis nach anderthalb Jahren des Raubbaus an seinem Körper an Tuberkulose. In seinem Buch schreibt er dazu:

»*Penicillin hatte den Wert von Gold. Gold war nicht vorhanden. Vorhanden waren jedoch Freunde und unsere schöne Natur. Sie heilten mich denn auch von dem Gebrechen. Einige Monate verbrachte ich in dem Gebirgsdorf Bachmaro, das für einen Kuraufenthalt überhaupt nicht eingerichtet war. Es standen da ein paar Blockhäuser und ein klägliches Ambulatorium, während eine kommunale Infrastruktur gänzlich fehlte. Dafür gab es in Hülle und Fülle kristallklare Gebirgsluft, vermengt mit dem Wind vom Meer und voll vom Duft der Gebirgswiesen und Fichtenwälder, außerdem die vielen plätschernden Quellen und Bäche mit eiskaltem Wasser und wunderschöne Landschaften, die der Seele Flügel verliehen. Die Schatten auf der Lunge waren wie weggewischt.*«

Auch Hans-Dietrich Genscher beschreibt die Erfahrung dieser Krankheit mit eindringlichen Worten:

»*Es war im Winter 1946/47, unter sehr schlechten Ernährungsverhältnissen. Als die Krankheit festgestellt wurde, ich war gerade 20 Jahre alt, sagte mir mein Arzt, Professor Hülse aus Halle: ›Du mußt jetzt mit dieser Krankheit leben, sie wird dich wahrscheinlich dein ganzes Leben begleiten, und du kannst dich dieser Krankheit ergeben, aber du darfst dich in Wahrheit natürlich nicht un-*

*terkriegen lassen. Du mußt dich dieser Krankheit stellen. Wenn du das tust, dann wirst du sie überwinden können. Das hängt zumindest zu 50 % von dir ab, den Rest müssen wir Ärzte übernehmen. Und deshalb darfst du nichts entschuldigen, was dir in deinem Studium, im Leben, im Privatleben oder bei den Mädchen schiefgeht. Nichts darfst du auf diese Krankheit schieben, denn du wirst das eine Versagen mit dem nächsten erklären und du wirst am Ende scheitern. Du mußt immer versuchen, besser zu sein als die anderen, die diese Krankheit nicht haben.‹*

*Also, ich habe das dann versucht. Und ich habe in der Tat in diesen 10 Jahren zwischen dem 20. und 30. Lebensjahr dreieinhalb Jahre in Krankenhäusern und Lungenheilstätten verbracht, nicht an einem Stück, aber immerhin zweimal mehr als ein Jahr an einem Stück. Und am Ende hat das natürlich sehr viel Kraft gegeben, das Sich-nicht-unterkriegenlassen, das ist geblieben. Und das hat sich dann auch nicht auf den Kampf gegen die Krankheit beschränkt. Aber vielleicht noch mehr hat mich beeinflußt, daß ich Gesundheit nicht als eine Selbstverständlichkeit genommen habe – aber bis dahin habe ich das schon getan –, sondern eigentlich als ein Gottesgeschenk jeden Tag neu. Und das gibt doch sehr viel Kraft und das hat mich im Grunde auch reifer gemacht und hat mich verantwortungsvoller gemacht. Letztlich habe ich aus der Krankheit und weil ich sie überwinden konnte, für mich gewonnen, auch, glaube ich, als Mensch. Also, das war nicht nur ein Sieg über die Krankheit, sondern das war auch ein Geschenk für mich.«*

Ähnlich wie Schewardnadse mußte Genscher seine Lungentuberkulose hauptsächlich mit Kalziumspritzen und Liegekuren bekämpfen. Genscher lag wochenlang fast unbeweglich im Bett. Antibiotika standen ihm wie seinem späteren Freund Schewardnadse nicht zur Verfügung, eine Operation war nicht möglich – wichtig war allein, die natürlichen Abwehrkräfte des Körpers durch eine gesunde Ernährung zu stärken und zusätzlich mit Freiluft-Liegekuren und Klimabehandlungen im wahrsten Sinne des Wortes Luft zu schaffen. Den beiden, Genscher wie Schewardnadse, war wohl bewußt, daß man den Heilungsprozeß einer Lungentuberkulose nie voraussagen konnte, ja, daß selbst der Tod nicht auszuschließen war.

So verlebten beide als Twens wichtige Jahre mit einer unberechenbaren Krankheit. Beiden kam dabei der Lebenswille nicht abhanden, im Gegenteil, er festigte sich, stärkte die Persönlichkeit und verhalf ihnen zu einem Bewußtsein für den Wert des menschlichen Lebens und der Kürze der dafür zur Verfügung stehenden Zeit.

Doch es gibt noch mehr überraschende Gemeinsamkeiten. Von beiden Politikern wissen wir, daß sie erst auf Umwegen zur Politik fanden. Hans-Dietrich Genscher hatte nach seinem Jurastudium in Halle sein Referendarexamen am 5. Oktober 1949, übrigens zwei Tage vor dem offiziellen Gründungstag der DDR, in Leipzig bestanden und war nach seiner Flucht nach Westdeutschland am 6. Oktober 1952 in den Justizdienst des Landes Bremen aufgenommen worden. Dort fand Genscher auch einen ertragreichen Nebenjob bei dem Rechtsanwalt Dr. Franke, absolvierte nebenher seine Ausbildungszeit beim Bremer Landgericht, dem Verwaltungsgerichtshof und bei der Kammer für Handelssachen und legte am 26. Februar 1954 sein zweites juristisches Staatsexamen ab – der Weg in den Anwaltsberuf war frei. Seine erste Stelle bekam Genscher als Assessor in der Bremer Rechtsanwaltskanzlei Kuhlmann Senior, Kuhlmann Junior und Schulenberg.

Die Politik hatte Genscher während seines Jurastudiums nie aus den Augen verloren. Dazu lud die Situation in der damaligen sowjetischen Besatzungszone geradezu ein. Schon im Januar 1946 war Genscher Mitglied der Liberal-Demokratischen Partei Deutschlands im Landesverband der Provinz Sachsen geworden, nachdem er lange überlegt hatte, ob die CDU oder die LDPD die richtige politische Heimat für ihn sein könnte. Handwerker, Bauern, Freiberufler, Kaufleute und Studenten waren die Parteigänger der LDPD. Ausschlaggebend für Genschers Mitgliedschaft in der LDPD war, wie er einmal gestand, eine LDPD-Veranstaltung in Halle, auf der ein Debattenredner den entscheidenden Satz formulierte: »*Wir Liberalen sind die umfassendste Alternative zu jeder totalitären Partei.*«

Dieses Motto blieb für Genscher oberste Richtschnur seines politischen Handelns. Doch hatte Genscher kein Amt in der LDPD inne, war kein Aktivist und half höchstens einmal bei Wahlkämpfen mit, Plakate zu kleben.

Schon damals war Genscher kein Mann der politischen Rede. »*Genscher redet, ohne formal gestylt zu sein, zum Demagogen fehlt ihm alles*«, dies stellte Prof. Lange von der Universität Köln später fest – und diese Worte treffen auch auf den jungen Genscher zu. Ein russischer Journalist bemerkte einmal: »*Er hat nicht die rechte Rednerstimme, und er zündet kein wahres Feuerwerk von brillanten Metaphern und schönen Versprechungen. Er argumentiert sachlich, ja manche meinen, trocken. Das Geheimnis von Genschers politischer Langle-*

*bigkeit besteht nicht darin, wie er spricht und aussieht, sondern darin, was er sagt und tut.*«

In diesem Punkt ähnelt Schewardnadse Genscher. Auch er redet stockend, ohne Intonation, kaum je mitreißend, vielmehr überlegend, tastend, mit Pausen, seine eigenen Überzeugungen gleichsam stets hinterfragend, während er sie gerade ausgesprochen hat. Aber politisch überzeugen kann auch Schewardnadse.

An seine liberale Überzeugung während seiner Studentenzeit anknüpfend wurde Genscher Mitglied bei den Deutschen Jungdemokraten, der F.D.P.-Jugendorganisation in Bremen. Mehr als ein knappes Dutzend Gleichgesinnter waren es damals nicht, da nahm es nicht Wunder, daß Genscher schon nach wenigen Wochen stellvertretender Landesvorsitzender wurde und mit diesem neuen Amt künftig an F.D.P.-Parteitagen teilnehmen konnte und sich sogar für die Bremer Bürgerschaft bewerben durfte. Der Kontakt zur Bonner Bundesgeschäftsstelle der F.D.P. ließ nicht lange auf sich warten. Und nachdem er wieder einmal neun Monate lang mit einer Liegekur seine Tuberkulose bekämpfen mußte, war es im Dezember 1955 endlich soweit. Seine große Karriere konnte beginnen, er wurde wissenschaftlicher Assistent der F.D.P.-Bundestagsfraktion in Bonn.

Die Anfänge der politischen Bewußtseinsbildung waren bei Genscher – und das ist wieder eine Gemeinsamkeit mit Schewardnadse – von den Erfahrungen mit einem totalitären Regime geprägt. Schlüsselerlebnis für Genscher war ein Gespräch mit der »Roten Hilde«, der SED-Staatsanwältin Hilde Benjamin, die der Ausbildungskommission für den Justizdienst vorsaß und Genscher in dieser Eigenschaft einmal in ein

Gespräch über Marxismus und Leninismus verwickelte und ihn dann, weil er so glänzend vorbereitet war, fragte, warum er eigentlich nicht Mitglied der SED sei. Genschers schlagfertige Antwort: »*Eben weil ich den Marxismus und Leninismus so gut kenne.*« Nach dieser Bemerkung war für die rote Juristin das ablehnende Urteil klar: »In unserem Staatsapparat haben wir für Sie keinen Platz.« Dieser verbale Schlagabtausch mit der Vizepräsidentin des obersten DDR-Gerichtshofes wurde für Genschers politische Einstellung wegweisend.

Kaum anders erging es Schewardnadse. Sein Vater war, enttäuscht von den Sozialdemokraten, Mitglied der Kommunistischen Partei geworden. 1937 verschwanden aus Schewardnadses Heimatdorf und der Umgebung nach und nach die angesehensten Menschen, sie waren als »Volksfeinde« verhaftet worden. Vokabeln wie »Schädling«, »Trotzkist« oder »Nationalabweichler« reichten für eine Festnahme aus. Eines Tages, so erzählt Schewardnadse, verschwand auch sein Vater, obwohl er seit 1924 Mitglied der Kommunistischen Partei gewesen war. Schewardnadse spürte das Etikett »Sohn eines Volksfeindes« an sich haften und war zum ersten Mal in seiner frühen Jugend äußerst erschüttert. Zwar entging Schewardnadses Vater der Verhaftung, weil er sich dank des Hinweises eines ehemaligen Schülers verstecken konnte. Aber solche Repressalien veranlaßten Schewardnadse, sich *»über die Politik Gedanken zu machen, die Familien zerriß und Mißklang in den eingestimmten Chor der Dorfgemeinde brachte. Als Hauptursache wurde der Klassenkampf genannt, dessen Gesetze höher stehen sollten, als die Gesetze der Verwandtschaft, der Menschlichkeit, der* *einfachen und lebendigen Beziehungen zwischen einander nahestehenden Menschen.«*

Entscheidendes Motiv für Schewardnadses Hinwendung zur Politik war aber der Überfall Nazi-Deutschlands auf die Sowjetunion. Sein älterer Bruder Akaki, der noch vor Kriegsausbruch Soldat geworden war, fiel gleich in den allerersten Tagen bei der Verteidigung der Festung Brest. 40 Jahre später sollte der Außenminister der Sowjetunion, Eduard Schewardnadse, gemeinsam mit dem Außenminister der Bundesrepublik Deutschland, Hans-Dietrich Genscher, Blumen am Grabe Akaki Schewardnadses in Brest niederlegen. Für Schewardnadse wurde der Krieg gegen die deutschen Faschisten zu einem persönlichen Kampf, und er sagte:

*»Sie führten diesen Krieg gegen den Kommunismus, und der Kommunismus war meine Religion. Der Sieg in diesem Krieg wurde zu einem Sieg des Kommunismus und folglich auch zu meinem eigenen Sieg.«*

Der Krieg also verwickelte Schewardnadse von Kindheit an mit der Politik. Für ihn war es Politik, wenn er in der Posttasche des Landbriefboten, dem er als freiwilliger Helfer zur Seite stand, die Todesnachrichten in sein Dorf Mamati brachte. Seine Mitschüler wählten ihn damals zum Vorsitzenden des Schülerausschusses.

Auch Genscher hatte in seiner Schulklasse eine besondere Rolle inne. Er stand als anerkanntes Informationstalent, akzeptierter und schlagfertiger Debattenredner und gegenüber Spielen und Späßen nicht abgeneigter Mitschüler im Mittelpunkt. Allerdings, und da hören die Gemeinsamkeiten auf, wäre es wohl keinem seiner Mitschüler in den Sinn gekommen, Hans-Dietrich Genscher zum Klassensprecher zu wählen.

Trotz seiner Politisierung durch den Krieg, trotz der Erfahrung des Sieges der Sowjetunion über den Faschismus und trotz der Erkenntnis, daß dies auch ein Sieg der Kommunistischen Partei war, trat Eduard Schewardnadse erst 1948 der Kommunistischen Partei bei. Damit war er zwei Jahre nach Genscher, ebenfalls als 20jähriger, bereits Mitglied einer politischen Partei. Er begeisterte sich für gesellschaftspolitische Arbeit, ging nach Tiflis, wurde dort schon im ersten Studienjahr Mitglied des Komsomol-Komitees seiner Fachschule und sollte dann, dem Wunsch seiner Eltern entsprechend, Arzt werden. Aber Schewardnadse wollte politisch arbeiten, und als man ihm die Stelle eines Ausbildungsleiters im Komsomol anbot, sagte er begeistert zu. Ein asketischer Alltag, wie ihn auch Genscher als Student in Halle erlebte, dazu die Erfahrung der Tuberkulose, prägten den jungen Politiker, der nach seiner Genesung die Parteihochschule mit Auszeichnung absolvierte und dann im Gebietskomitee des kommunistischen Jugendverbandes in Kutaissi arbeiten wollte. 1961 stieg er zum Kreisparteichef auf, von 1964 bis 1972 war er Innenminister von Georgien, wurde erster Sekretär der KP seines Landes und war ab 1976 Mitglied des Zentralkomitees der KPdSU, seit 1978 Kandidat des Politbüros. Am 1.Juli 1985 wurde Eduard Schewardnadse in das Politbüro gewählt und einen Tag später auf Vorschlag von Michail Gorbatschow als Außenminister zum Nachfolger von Andrej Gromyko ernannt. Am 20. Dezember 1990 trat er von seinem Amt zurück – nach fünf Jahren, die die Welt verändert hatten.

Hans-Dietrich Genschers Karriere in der Politik ist bekannt. Als enger Berater des F.D.P.-Parteichefs Erich Mende, der für die F.D.P. 1961 den größten Bundestagswahlerfolg mit 12,8 % der Stimmen erreichte, gewann Genscher Format. Auch die Koalitionsverhandlungen mit der CDU organisierte der Fraktionsgeschäftsführer Genscher, bis Ende 1964 hatte er auch noch den Posten des Bundesgeschäftsführers seiner Partei inne. Auf Bitten des F.D.P.-Landesvorsitzenden Willy Weyer kandidierte Genscher als Direktkandidat für den Bundestag im Wahlkreis Wuppertal-West, in dem er seit dem 5. Oktober 1965 bis heute antritt. Am 9. November 1965 wurde er parlamentarischer Geschäftsführer der F.D.P.-Bundestagsfraktion und blieb dies bis zum Oktober 1969. Am 19. November 1968 wurde Genscher mit 239 von 270 Stimmen zum stellvertretenden F.D.P.-Bundesvorsitzenden gewählt, und am 22. Oktober 1969 erhielt er die Ministerwürde als Bundesminister des Innern im ersten und zweiten Kabinett der sozial-liberalen Koalition unter Bundeskanzler Willy Brandt und Vizekanzler Walter Scheel. Vom 17. Mai 1974 bis zum 17. September 1982 war er Bundesminister des Auswärtigen und Vizekanzler im dritten, vierten und fünften Kabinett der sozial-liberalen Koalition unter Bundeskanzler Helmut Schmidt, anschließend bis zu seinem Rücktritt am 17. Mai 1991 im ersten, zweiten und dritten Kabinett der christlich-liberalen Koalition unter Bundeskanzler Dr. Helmut Kohl.

## 4.

## Der Besuch in Brest

Akaki Schewardnadse, der ältere Bruder von Eduard, war noch vor Kriegsausbruch zur Roten Armee eingezogen und nach dem Überfall Hitlers auf die Sowjetunion an die Westfront geschickt worden. Er sollte eines der ersten Opfer von Millionen von Toten sein, die ihr Leben für die Verteidigung ihrer Heimat gaben. Akaki fiel gleich in den allerersten Tagen bei der Verteidigung der Festung Brest. Auch sein Bruder Ippokrat war gerade zum Militär eingezogen worden, und als die Todesnachricht aus Brest kam, stand dessen Abreise an die Front bevor. Georgien hatte vor dem Zweiten Weltkrieg 3,5 Millionen Einwohner, von denen 700 000 eingezogen wurden, Männer wie Frauen. Etwa die Hälfte von ihnen kehrte nicht zurück. So war Brest ein Symbol der gemeinsamen deutsch-sowjetischen Geschichte geworden, als Hans-Dietrich Genscher und Eduard Schewardnadse am 11. Juni 1990 nach Brest fuhren, um dort noch strittige Fragen in den Verhandlungen über die äußeren Aspekte der deutschen Einheit unter vier Augen zu besprechen.

Wenige Städte stecken so voller Erinnerungen an die gemeinsame deutsch-sowjetische Geschichte, vor allem aber an deren düsterste Kapitel. Heute ist Brest eine wenig attraktive Grenz- und Garnisonsstadt am Bug mit rund 150 000 Einwohnern. In Deutschland kennt man die Stadt unter dem Namen Brest-Litowsk, wie die Stadt hieß, als im März 1918 die Vertreter des Deutschen Reichs der gerade erst entstanden Sowjetmacht den Friedensvertrag von Brest-Litowsk aufzwingen wollten. Lenin hatte damals im Zentralkomitee der kommunistischen Partei hart für die Annahme des Friedensvertrages kämpfen müssen, während viele andere den Krieg fortsetzen wollten. Erst nach Lenins Rücktrittsdrohung und mit Hilfe Trotzkis kam der Friedensvertrag zustande. Zu jener Zeit waren den Sowjetführern territoriale Ansprüche des Zarenreiches weniger wichtig als das Überleben der Revolution, die Lenin damals mit einem »gesunden und laut schreienden Kind« verglich, dessen Leben, koste es, was es wolle, gerettet werden müsse. Am 3. März 1918 unterschrieben im Weißen Palast von Brest Deutsche und Sowjets den Friedensvertrag, durch den Lenin und Trotzki den Rücken für die postrevolutionären Auseinandersetzungen in Rußland frei bekamen, aber das Baltikum, Finnland, Polen und die Ukraine für sie verloren gingen. Selbst die Deutschen sprachen damals von einem Raubfrieden, weil sich Berlin die Schwäche der Revolutionsregierung und die desolate Situation des russischen Heeres zunutze gemacht hatte. 1939 fiel Brest im Zuge der polnischen Teilung zwischen Stalin und Hitler an die Sowjetunion zurück, deutsche Truppen übergaben es damals an die sowjetischen Soldaten.

Ganz anders der Klang von Brest in den Ohren der Sowjets, die an diese Stadt immer nur im Zusammenhang mit dem 22. Juni 1941 denken, als hier der Überfall der 45. Infanteriedivision begann und für die Verteidiger der große vaterländische Krieg seinen Anfang nahm. Fast vier Wochen hielt die kleine Garnisonsstadt dem Ansturm der Angreifer statt, als die Deutschen längst um Brest herum mit ihren Panzern weit in das Hinterland vorgedrungen waren. Im Jahre 1965 wurde der Stadt der Ehrenname »Heldenfestung« verliehen, als Symbol des »ruhmreichen Widerstands und des aufopferungsvollen Kampfes bis zur letzten Patrone«. Und dieser Mythos umgibt Brest noch heute. Unter den 4000 sowjetischen Soldaten, die im Juli 1941 hier lagen und von denen nur 400 den deutschen Einfall überlebten, während alle anderen im deutschen Kugelhagel starben, war auch Akaki Ambrosijewitsch Schewardnadse, Oberfeldwebel der sowjetischen Armee, der im Alter von 21 Jahren fiel. Brest – eine Symbolstadt für Genscher und Schewardnadse, die beide, jeder auf seine Weise, gerade den Überfall auf die Sowjetunion als prägendes Erlebnis ihrer Jugend erfahren hatten.

Brest liegt in Weißrußland. Der polnische Außenminister Skubiszewski nahm keinen Anstoß an dem Tagungsort für die deutsch-sowjetischen Gespräche, ganz im Gegenteil, er bewertete Schewardnadses Einladung an Hans-Dietrich Genscher gerade an diesen Ort durchaus positiv. Zwar hätte Skubiszewski die Wahl aufgrund der geschichtlichen Tatsache kritisieren können, daß Brest bis zum Abkommen zwischen dem sowjetischen Außenminister Molotow und dem Nazi-Außenminister Ribbentrop 1939 zu Polen gehört hatte. Aber andererseits hatte Brest auch eine große historische Bedeutung wegen des Ringens der baltischen Staaten um Unabhängigkeit. Und Polen selbst hoffte ja gerade in diesen Tagen auf totale Unabhängigkeit von der Sowjetunion.

Nie zuvor hatte ein vergleichbares Treffen in der Grenzstadt am westlichen Bug stattgefunden, selbst die Infrastruktur für ein derartiges Treffen, für das sich so viele Medienvertreter interessierten, war nicht vorhanden. Deshalb war es durchaus problematisch, die Boeing der Bundesluftwaffe dort landen zu lassen, die Landebahn war dafür gerade noch ausreichend. Und einen angemessenen Tagungsort gab es auch nicht, so daß die beiden Politiker mit dem Gästehaus der Weißrussischen Regierung vorlieb nehmen mußten. Schewardnadse entschuldigte sich bei Genscher für dieses »kleine Haus«, aber der erwiderte lachend: *»Das macht gar nichts. Die Frömmigkeit eines Menschen hängt ja auch nicht von der Größe der Kirche ab, in der er betet.«*

Im Vorfeld des Besuches hatte das sowjetische Parteiorgan Prawda übrigens, das war sonst ganz und gar ungewöhnlich, ein vier Zeitungsseiten umfassendes freundliches Porträt über Hans-Dietrich Genscher veröffentlicht, so als ob Schewardnadse der sowjetischen Bevölkerung damit signalisieren wollte: »Wenn ich Vertrauen zu den Deutschen habe, so könnt ihr es auch haben!« Der Artikel hatte ein überaus sympathisches Bild von Genscher gezeichnet und auch die Vermutung geäußert, Genschers Interesse an der Sowjetunion hänge wahrscheinlich mit dem slawischen Anteil in seinem Blut zusammen. Auch seine politische Vitalität und seine große Kontaktfreudigkeit wurden in der freundlichsten Weise gelobt. Vergessen wir nicht, die Mauer war gefallen, aber die Bedenken der Sowjetunion zum deutschen Vereinigungsprozeß waren längst nicht ausgeräumt, vor allem galt es, die sowjetischen Bedenken gegen die NATO-Zugehörigkeit Deutschlands zu beseitigen. Aber vielleicht dachte Genscher an die symbolträchtige Tatsache, daß in Brest die Fernzüge aus Westeuropa auf breitspurige Schienen gesetzt werden – keine schlechte Perspektive für die politische Absicht, den Grundstein für ein gemeinsames europäisches Haus zu legen.

Vor seiner Abreise nach Brest hatte Genscher optimistisch behauptet, die deutsche Einheit werde den Prozeß der Vereinigung Europas nicht stören, sondern ihn fördern. Außerdem hatte er vor seinem Besuch öffentlich noch einmal die fünf Prinzipen herausgestellt, die die Einbettung des vereinten Deutschlands in die NATO auch für Moskau akzeptabel machen sollten. Dazu gehörten die angestrebten neuen sicherheitspolitischen Institutionen der KSZE, der Abschluß der ersten Runde der Wiener Abrüstungsverhandlungen, das neue Verhältnis der beiden Bündnisse zueinander, die völkerrechtliche Sicherung der polnischen Westgrenze und schließlich die verstärkte wirtschaftliche Zusammenarbeit mit der UdSSR. Mehrere Stunden dauerte Genschers Gespräch mit Schewardnadse, bei dem es schließlich auch darum ging, wie man zeitgleich mit der deutschen Vereinigung einen Schlußstrich unter den Zweiten Weltkrieg ziehen und den kalten Krieg zwischen Ost und West endlich beenden konnte.

Am Nachmittag war es soweit. Die beiden Außenminister brachen trotz strömenden Regens zum Ehrenmal in der weitläufigen Gedenkstätte des früheren Festungsareals auf. Langsam schritten die beiden Minister den langen Weg vom sternförmigen Eingang des

Geländes zunächst zur ›ewigen Flamme‹, die auf einer kleinen Anhöhe zwischen den Gräbern liegt. Die Fundamente des weißgestrichenen Hauses, in dem der Friede von Brest-Litowsk geschlossen worden war, lagen in Sichtweite, auch Schießstände kamen ins Blickfeld. Für den obersten Diplomaten war diese Kranzniederlegung eine tiefgehende Erfahrung, tiefer gehend als alle anderen Kranzniederlegungen, von denen Genscher so viele absolviert hatte. Vier sowjetische Soldaten in ihren Traditionsuniformen legten die Nelkengebinde auf die vorbereiteten Gestelle, während sich die beiden Außenminister fast im Gleichschritt näherten, sich lange verbeugten und sich dann ansahen. Es bedurfte nur eines kurzen Blickes zwischen den beiden, Schewardnadse nickte Genscher aufmunternd zu und zog ihn dann zur ersten Reihe des Gräberfeldes, wo im 17. Grab von rechts gesehen Schewardnadses Bruder begraben war. Auf schwarzem Granit war der Name Akakis eingemeißelt. Hans-Dietrich Genscher hielt einen Nelkenstrauß in seiner Hand, als – wie ein Zeichen des Himmels – für einen Moment die Sonne durch die tiefen Regenwolken über Brest hindurchkam und den Friedhof in ein sanftes Licht hüllte. Niemand sprach. Die Lautsprecher spielten die melancholische Melodie von Schumanns Träumerei. Über allem schwebt der monumentale Kopf eines Sowjetsoldaten aus Eisenbeton. Sein Gesicht ist zerfurcht, der Kopf geneigt, die Schultern gebeugt. 28 Meter hohe und 52 Meter breite in Beton gegossene Trauer. Neben dem Grabmal des unbekannten Soldaten reckt sich ein Obelisk in Bajonettform gut 100 Meter in den Himmel. Auf jedes Grab der 36 Gräber in der ersten Reihe legten die beiden Außenminister Blumen.

*Genscher und Schewardnadse beim gemeinsamen Spatenstich.*

Dann ein kurzer Händedruck zwischen den beiden. Schewardnadse stockt. In seinem Gesicht zeigt sich Bewegung. Er kämpft mit der Erinnerung. Dann schütteln sich beide die Hand.

Dann der Rückweg. Ein sowjetischer Reporter fragt beide nach ihren Gefühlen. Genscher sagt: »*Ich bekenne offen, ich habe einen Moment erlebt, den ich nie wieder vergessen werde.*« Und seine Stimme stockt, als er hinzufügt: »*Unsere Kinder sollten nie wieder das erleben, worunter unsere Völker gelitten haben. Es darf nie wieder Mahnmale für den Anlaß des Krieges geben.*« Schewardnadse bleibt stumm, als Genscher ihn in diesem Moment kaum merklich umarmt, beide wissen, die Botschaft gerade dieser Kranzniederlegung wird Geschichte machen.

Schewardnadse war diese besondere Geste der Versöhnung sicher nicht leichtgefallen, denn seine innenpolitischen Gegner konnten in dieser Geste ein falsches Signal sehen. Schewardnadse war sich dieser Tatsache voll bewußt und kam erst sehr viel später darauf zurück, als er seine Ansprache für den 28. Parteitag vorbereitete. Er gestand, wie schwer es ihm falle, in seiner Rede auf ein Geständnis zu verzichten, das seine Gefühle am Ehrenmal in Brest betraf: »*Ich stand am Gedenkstein und dachte daran, daß man mir auch sein Blut vorwirft: Ich hätte das Andenken meines Bruders verraten, als ich die Vereinigung Deutschlands zuließ.*«

Er dachte daran, aber er sprach es nicht aus, weil er wußte, daß ein Verrat am Andenken von Millionen gefallener Sowjetsoldaten nur eine solche Politik wäre, die neue Gefahren für die Sicherheit des eigenen Landes und für Europa geschaffen hätte. »*Mit einer solchen politischen Haltung kommt man der wahren Menschlichkeit viel näher*«, so Schewardnadse, »*als wenn man jemanden der ›Preisgabe des Sieges‹ beschuldigt. In diesen Anschuldigungen liegt nicht ein Körnchen Menschlichkeit, wohl aber der Plan für eine bestimmte Politik, die ich nicht betreiben konnte.*«

Seine Gegner hatten ihm seit langem vorgeworfen, er würde die großen Errungenschaften der Sowjetunion nach dem Sieg im Zweiten Weltkrieg allzu leichtfertig preisgeben, ja verspielen. Gerade ihnen sollte bedeutet werden, daß der gemeinsame Besuch an diesem symbolischen Ort die Schmerzen der Vergangenheit betonte, die Erinnerung an den großen Krieg heraufbeschwor, aber den Weg in die gemeinsame europäische friedliche Zukunft weisen sollte. Und so sagte er noch in Brest, er habe Genscher an diesen Ort gebeten, um zu zeigen, daß die Sowjetunion »einen endgültigen Strich unter den Krieg« ziehen wolle und sich die beiden Länder nun ganz einer friedlichen Zukunft zuwenden sollten. Gerade in diesem Moment, als der Warschauer Pakt erste Zeichen von Auflösung erkennen ließ und die Weltmacht Sowjetunion ins Wanken geriet, wollte Schewardnadse die gemeinsame Geschichte beschwören, sie gleichzeitig besiegeln und diese Erinnerung zu einem Faustpfand für die Zukunft machen. Genscher hat das verstanden. Er wollte, daß die Sowjetunion die deutsche Vereinigung auch als Gewinn für sich selbst empfinden könne, und war sich gewiß, daß damit die beste Investition für eine gemeinsame europäische Zukunft umfassender Zusammenarbeit und friedlichen Wettbewerbs geleistet worden war.

Vor seiner Abreise nach Brest hatte Genscher ausführlich mit Bundeskanzler Helmut Kohl in dessen Privathaus in Oggersheim konferiert, der soeben von Gesprächen mit US-Präsident George Bush aus Washington zurückgekehrt war. Beide, Kanzler und Vizekanzler, waren sich bewußt, daß nur Vertrauen die Sowjetunion dazu bewegen könnte, die deutsche Einheit voll und ganz zu akzeptieren. So wies Genscher noch vor seinem Abflug nach Brest einen Bericht des »Spiegel« über ein angebliches inoffizielles sowjetisches Angebot zurück, wonach gegen eine Wirtschaftshilfe von 20 Mrd. US-Dollar die Sowjetunion bereit wäre, die NATO-Mitgliedschaft des vereinigten Deutschlands zu akzeptieren. Genscher warnte davor, sich die Lösung dieser Frage erkaufen zu wollen. Am Ende des Tages eine späte Pressekonferenz, ohne Details, aber mit viel Optimismus, beide machen den Eindruck, so berichtet ein Bonner Journalist, als ob sie dicht vor dem Durchbruch stünden und etwas zu verheimlichen hätten. Am späten Abend Rückflug nach Bonn. Eine Frage an den Außenminister: »Ein Tag wie jeder andere?« Genscher: »*Nein, eine ganz neue, eine ganz besondere Erfahrung.*«

Keiner der Pressevertreter hat damals erfahren, daß sich bei Genscher in Brest erneut Herzrhythmusstörungen einstellten - so hartgesotten war er eben nicht, als daß nicht gerade dieser Besuch seine Emotionen in besonderem Maße beansprucht hätte.

# 5.
# Die Begegnungen in Halle, Windhuk, Münster

Das 15. Treffen zwischen Genscher und Schewardnadse fand am 10. November 1990 in Genschers Heimatstadt Halle statt. Einige Kilometer vor der Stadt ließ Genscher die Wagenkolonne in eine kleine Dorfstraße im Vorort Reideburg einbiegen, seinem Geburtsort. Dort schien die Invasion der Diplomaten mit ihrem Gefolge die Bewohner eines verfallenden Zweifamilienhauses mitten in verwilderten Gärten zu erschrecken. Genscher zeigte mit ausgestrecktem Arm auf das zweite Fenster in der oberen Etage: »*Dort kam ich zur Welt.*« So manchen westlichen Außenminister hatte Genscher im Laufe der letzten Monate nach Halle geschleppt, wohl auch, um das real existierende Ostdeutschland in seiner mißlichen Lage zu präsentieren, aber auch, um ihnen zu zeigen, daß es hier Menschen gab, Landsleute, die nach 57 Jahren Gewaltherrschaft, erst der nationalsozialistischen, dann der kommunistischen, nun auf ein besseres Leben mit mehr Chancen hofften. Auch war es etwas anderes, den französischen Freund Roland Dumas nach Halle zu bringen, als den Außenminister der Sowjetunion, die immer noch über 350 000 Rotarmisten auf ostdeutschem Boden stationiert hatte.

Zuerst ging es in das Stadthaus, wo Bürgermeister

Uwe Lühr mit dem Goldenen Buch bereitstand. Genscher setzte zu einem kurzen Toast an, in dem er von einem Tag der »Freude und der Dankbarkeit« für den Beitrag des sowjetischen Präsidenten und des sowjetischen Außenministers zur deutschen Einheit sprach und für eine gute Zusammenarbeit »jetzt und in alle Zukunft« plädierte. Schewardnadse erinnerte an den am Vortag in Bonn unterzeichneten »großen Vertrag«, der die Grundlagen für die neuen Beziehungen des sowjetischen und des vereinten deutschen Volkes festlege, und er nannte Genscher einen »großen Freund des sowjetischen Volkes«. Die beiden Außenminister hatten am Vortag gemeinsam mit Bundeskanzler Helmut Kohl und dem sowjetischen Präsidenten Michail Gorbatschow in Bonn den Vertrag »über gute Nachbarschaft, Partnerschaft und Zusammenarbeit zwischen der Bundesrepublik Deutschland und der Union der sozialistischen Sowjetrepubliken« unterzeichnet. Darin hieß es u.a.:

*»Im Bewußtsein ihrer Verantwortung für die Erhaltung des Friedens in Europa und in der Welt, in dem Wunsch mit der Vergangenheit endgültig abzuschließen und durch Verständigung und Versöhnung einen gewichtigen Beitrag zur Überwindung der Trennung Europas zu leisten, in der Überzeugung, daß den Menschenrechten und Grundfreiheiten als Teil des gesamteuropäischen Erbes hohe Bedeutung zukommt und daß ihre Achtung wesentliche Voraussetzung für einen Fortschritt im Aufbau dieser Friedensordnung ist, entschlossen, an die guten Traditionen ihrer jahrhundertelangen Geschichte anzuknüpfen, gute Nachbarschaft, Partnerschaft und Zusammenarbeit zur Grundlage ihrer Beziehungen zu machen und den historischen Herausforderungen an der Schwelle zum 3. Jahrtausend*

*gerecht zu werden, kommen beide Länder überein, sich bei der Gestaltung ihrer Beziehungen von folgenden Grundsätzen leiten zu lassen: Sie stellen den Menschen mit seiner Würde und mit seinen Rechten, die Sorge für das Überleben der Menschheit und die Erhaltung der natürlichen Umwelt in den Mittelpunkt ihrer Politik. Sie bekräftigen das Recht aller Völker und Staaten, ihr Schicksal frei und ohne äußere Einmischung zu bestimmen und ihre politische, wirtschaftliche, soziale und kulturelle Entwicklung nach eigenen Wünschen zu gestalten. Sie bekennen sich dazu, das schöpferische Potential des Menschen und der modernen Gesellschaft für die Sicherung des Friedens und für die Mehrung des Wohlstands aller Völker zu nutzen, und sie achten gegenseitig ihre souveräne Gleichheit und ihre territoriale Integrität und politische Unabhängigkeit.«* Und im Artikel 3 hieß es klipp und klar: »*Sie werden ihre Streitigkeiten ausschließlich mit friedlichen Mitteln lösen, keine ihrer Waffen jemals anwenden, es sei denn, zur individuellen oder kollektiven Selbstverteidigung.*«

Nachdem beide am Morgen in Bonn aufgebrochen waren, gab es noch ein Kaviarfrühstück im Gästehaus der Bundesregierung auf dem Petersberg, wo Michail Gorbatschow die Richtung vorgab: »*Herr Schewardnadse soll jetzt einmal für Sie Wahlkampf machen*«, rief er lachend Hans-Dietrich Genscher zu, als der gerade im Begriff war, mit seinem Freund zum Privatbesuch nach Halle zu starten. Genscher erwiderte schmunzelnd: »*Dann bin ich auch bereit, für Herrn Schewardnadse in Georgien in die Bresche zu springen.*«

So brach man voller Heiterkeit auf, obwohl der weißhaarige Mann aus Georgien durchaus seine Zweifel hegte: Würden ihn die Hallenser genauso freundlich empfangen wie zuvor den Franzosen Roland Dumas und den Briten Douglas Hurd? Waren die Spannungen zwischen den Ostdeutschen und den Besatzern, wie die Rotarmisten hießen, nicht zu groß? Würde ihm als dem ersten prominenten Besucher aus dem Sowjetreich in der einstigen DDR nicht eisige Distanz entgegenschlagen? Die Antwort, auf dem Marktplatz von Halle, war Beifall und Zustimmung. Und schon nach wenigen Minuten war klar: Auch die Menschen im ehemaligen kommunistischen Machtbereich wußten genauso wie ihre Landsleute im Westen, was das vereinte Deutschland den beiden Männern im Kreml zu verdanken hatte. Deshalb umdrängten die Hallenser ihren Mitbürger Hans-Dietrich Genscher und den Außenminister aus dem sowjetischen Süden, verwöhnten ihn mit Applaus und Jubel - was für Schewardnadse zumindest zu Hause in den letzten Monaten nicht eben eine Selbstverständlichkeit gewesen war. Und dann küßte er, als ihm das Goldene Buch der Stadt präsentiert wurde, eine vorbeikommende Braut auf dem Weg zum Standesbeamten, schenkte ihr mit vollendeter Eleganz »Blumen aus Moskau« und sagte, als er noch die kleine Brautjungfer im Arm hielt: »*Wir wollen gemeinsam ein Haus der Freundschaft, Partnerschaft und Brüderlichkeit bauen.*« Und dann hatte er Mühe, sich gegen die Klänge von Mendelssohns Hochzeitsmarsch zu behaupten, als er, die Bemerkung von Gorbatschow aufnehmend, ausrief: »*Ab heute werde ich mich an dem Wahlkampf zugunsten von Herrn Genscher beteiligen.*«

Schon am Vortag hatte Schewardnadse scherzend geäußert, sollte einmal eine von Genscher angeführte Partei einen Wahlkampf in der Sowjetunion beginnen, dann würde die Mehrheit des Volkes für ihn stimmen.

Beim Verlassen des hallischen Rathauses rief Schewardnadse unter dem Jubel der umstehenden Bürger aus: »*Es lebe die Brüderlichkeit.*«

Weiter ging es zur nächsten Station in Halle, der Johann-Gottfried-Herder-Schule, wo Genscher einst die Schulbank gedrückt hatte und vier ehemalige Klassenkameraden auf den Bundesaußenminister warteten. Ein Schulchor sang zur Begrüßung der beiden Politiker den Kanon »Dona nobis pacem« (Gib uns Frieden) und sein ehemaliger Klassenkamerad Kurt Enno Jahn erinnerte daran, daß der Außenminister den Kontakt zu seinen Mitschülern nie habe abreißen lassen. Noch vor der Wende, von der Stasi überwacht, habe es das letzte Klassentreffen in Halle gegeben. Dann überreichten die ehemaligen Schüler Schewardnadse ein Klassenfoto mit dem Schüler Hans-Dietrich Genscher aus dem Jahre 1938 und konnten ein kurzes Gespräch mit ihm führen. Ein Knirps fragte ihn: »Wie lange sind Sie denn schon Außenminister?« Darauf Schewardnadse: »*Fünfeinhalb Jahre. Ich muß also schon bald in Rente.*« Kommentar eines Begleiters im allgemeinen Gelächter: »*Das war hoffentlich keine reale Voraussage.*«

Niemand wußte damals, wie wahr diese Voraussage sein würde und daß Schewardnadse nur noch wenige Monate im Amt sein würde. Zum Abschied intonierte der Schulchor, vielleicht eine Anspielung auf die Stimmung in der DDR vor der Öffnung der Mauer: »Schön ist die Welt, komm laß uns reisen«. Jedem Betrachter der Szene in Halle wurde klar, wie gut die beiden Außenminister sich inzwischen verstanden. Als Genscher von einem Journalisten gefragt wurde, ob er mittlerweile eine persönliche enge Beziehung zu Schewardnadse habe, kam die Antwort spontan:

»Ich glaube, daß hier ein vorzügliches persönliches Verhältnis entstanden ist, auch nicht nur, weil wir uns sechsmal in diesem Jahr gesehen haben, sondern weil wir voneinander überzeugt sind, daß wir daran mitarbeiten wollen, daß Europa in diesem Jahr eine grundlegend neue Gestalt bekommt, daß es zu grundlegenden Veränderungen kommt, die wirklich das Jahr 1990 zu einem historischen Jahr für die Zukunft Europas machen, in dem wir ein für allemal Ursachen, aber auch Möglichkeiten eines Krieges in Europa beseitigen.«

Aber wie fragil die keimende Pflanze der Freundschaft doch war, zeigten immer wieder besorgte Fragen Schewardnadses nach der Behandlung der sowjetischen Soldaten bis zu ihrem vorgesehenen Abzug im Jahre 1994.

Von der Schule ging es weiter in das Lokal »Goldene Rose«, wo sich die beiden Besucher Rehbraten und trockenen Unstrutwein schmecken ließen, um sich danach durch die Menschenmenge hindurch ihren Weg zum Geburtshaus des Komponisten Georg Friedrich Händel zu bahnen. Es war eine besondere Stimmung im Händel-Haus, die durch die barocken Klänge der einst von Johann Sebastian Bach eingeweihten Orgel in der Marienkirche eingeleitet wurde. Beim Kaffee im Gewölbe des Händel-Hauses zog Schewardnadse das Resümee: »*Alle haben dadurch gewonnen, daß sich die Deutschen zusammengeschlossen haben. Das ist meine tiefste Überzeugung.*« Und mit einem verschmitzten Lächeln fügte er hinzu: »*Nur ein einziger Mensch hat darunter gelitten: Der sowjetische Botschafter in der ehemaligen DDR. Aber selbst der freut sich darüber...*«

Im vertraulichen Gespräch im Keller des Geburtshauses von Händel gingen die Gedanken der beiden zurück zu den zahlreichen Begegnungen, die es im Jahre 1990 bereits gegeben hatte. Erste Gespräche über die Einheit Deutschlands hatte es unter den Palmen von Windhuk in Namibia gegeben, wo Genscher und Schewardnadse am 22. März 1990, am ersten Tag nach der Unabhängigkeit Namibias in der Residenz des deutschen Botschafters Harald Ganns zusammengetroffen waren. Zwei Stunden hatten sie damals auf der Terrasse der Botschaftsresidenz konferiert, und man konnte sicher sein, daß das Thema Namibia und die erfolgreiche Entlassung des Landes in die Unabhängigkeit nur eine Nebenrolle spielte. Die Hauptfrage, sagte Schewardnadse später den wartenden Journalisten, sei die deutsche Frage gewesen: »*In guter Atmosphäre, wie immer*«, wenn er mit seinem Bonner Amtskollegen zusammentreffe, habe man die Situation in Europa nach dem Fall der Mauer besprochen. Im Raume stand die Frage eines Friedensvertrages und des sicherheitspolitischen Status eines künftig vereinten Deutschlands. »*Wir haben heute über alle Varianten gesprochen*«, teilte Schewardnadse mit. Das Gespräch habe den »Idealfall« und den »schlechtesten Fall« zum Inhalt gehabt. »*Aber wir werden schwierigen Fragen nicht ausweichen*«, sagte Schewardnadse. Der äußere Prozeß der deutschen Einheit müsse synchronisiert und die legitimen Sicherheitsinteressen der Nachbarn Deutschlands müßten beachtet werden. »*Dann wird alles normal sein*«, sagte er.

In der DDR waren eine Woche zuvor Wahlen abgehalten worden. Der sowjetische Außenminister nannte die Tatsache des »Einswerdens« Deutschlands als »gesetzmäßigen Prozeß«, und wenn der Pressesprecher des deutschen Außenministers anschließend das Gespräch mit Schewardnadse als sehr konstruktiv bezeichnete, so hatte er diplomatisch zurückhaltend untertrieben. Der Weg zur ersten Außenministerkonferenz im »2+4-Kreis« hing nur noch davon ab, wann die DDR-Regierung gebildet sein würde, die Standpunkte hatten sich weit aufeinander zubewegt.

In Münster, der Stadt des Westfälischen Friedens, hatte am 18. Juni 1990 ein anderes wichtiges Treffen der beiden Außenminister stattgefunden. Das Rathaus von Münster bot sich für eine Zusammenkunft geradezu an, war es doch Schauplatz der Unterzeichnung des westfälischen Friedens von 1648 gewesen. Aber nicht im historischen Friedenssaal fanden die Gespräche der Minister und ihrer Delegationen statt, sondern in der alten Rüstkammer, vielleicht weil ein neuer Friedensschluß so viel mit hochgerüsteten Armeen zu tun hatte. Zu beunruhigend fand Schewardnadse noch die Fragen, die bisher ungelöst waren. Dazu gehörte aus sowjetischer Sicht die Frage der militärischen Stabilität in Europa, das Gleichgewicht der Kräfte, das man in Moskau bedroht sah, wenn die DDR im Zuge der deutschen Vereinigung, wie es der Westen verlangte, der NATO eingegliedert werden sollte. Achtmal zuvor hatten Genscher und Schewardnadse schon diese Fragen zu klären versucht, bevor sie unter dem Beifall einiger tausend Bürger vor dem Münsteraner Rathaus eintrafen. »Guten Mutes« seien sie, sagte Schewardnadse, als er unter Hochrufen und Applaus in das Rathaus einzog. Eine Verehrerin überreichte Genscher eine rote Rose, für Schewardnadse hatte sie gelbe Sommerblumen mitgebracht. Für die friedvolle Einstimmung der Gespräche in der Rüstkammer sorgte das Blechbläserkollegium Münster mit Barockmusik aus dem 17. Jahrhundert. Im Friedenssaal des Rathauses hatte der Münsteraner Oberbürgermeister Jörg Twenhöven unter beifälligem Nicken Schewardnadses an die Verhandlungsgrundsätze der 230 Diplomaten erinnert, die hier 1648 eine dreißigjährige Ära der Gewalt beendet hatten – den furchtbaren Dreißigjährigen Krieg, der Europa so ganz und gar verwüstet hatte. Twenhöven wies Schewardnadse und Genscher auf die Regeln hin, auf die sich die Diplomaten für die damaligen Verhandlungen geeinigt hätten. Es seien drei Verhaltensweisen gewesen, die erste: Wir wollen die Realitäten anerkennen, die der Dreißigjährige Krieg geschaffen hat, die zweite: Wir wollen uns die Greueltaten, die wir aneinander begangen haben, nicht vorwerfen. Und drittens: Wir gewähren uns untereinander ein immerwährendes Vergeben und Vergessen.«

Schewardnadse antwortet, »*Wenn man dieses zu Papier bringt, dann ist das schon ein Abkommen*«, und er fuhr fort, ein kluger Mann habe gesagt, »*aus der Geschichte nehmen wir nicht die Asche, sondern das Feuer.*«

Auch bei den Gesprächen in der vergangenen Woche in Brest hätten Genscher und er sich von diesem Prinzip leiten lassen. In der sowjetischen Bevölkerung sei es hoch eingeschätzt worden, daß der deutsche Außenminister nach Brest gekommen sei. Nun müsse man sich bemühen, »*eine Vereinbarung zu treffen und eine gemeinsame Sprache zu finden bei den Problemen, die noch nicht gelöst worden sind.*« Es seien »*komplizierte Probleme, aber wir haben guten Willen*«.

Damals hatten sich die Unterhändler Frankreichs,

Schwedens und Spaniens, der deutschen Reichsstände und der Niederlande versprochen, die Vergangenheit ruhen zu lassen und eine sichere Grundlage für den Frieden und eine gemeinsame Zukunft zu legen. Und unter den Augen der auf Ölgemälden verewigten Gesandten und Herrscher der damaligen friedensschließenden Mächte reichte der Bürgermeister Schewardnadse schließlich den traditionellen Münsteraner Begrüßungstrunk. Schewardnadse nahm das goldene Gefäß in Form eines Hahnes, war zunächst unentschlossen, was er wohl damit anfangen sollte, nahm dann aber einen kräftigen Schluck voll trockenen Frankenweines und verkündete sodann: »*Ich habe mehr getrunken als der Bundesaußenminister.*«

Auch in Münster zeigte sich erneut, daß die beiden Außenminister Sinn hatten für Begegnungen auf ge-

*Historischer Augenblick*

schichtsträchtigem Boden. Brest, Ort des Treffens am 11. Juni, und Münster sind zwei mehr als 1 000 Jahre alte Städte und beide sind mit historischen Friedensschlüssen verbunden.

Nach westfälischer Hochzeitssuppe, Schinken, Spargel und Erdbeeren mit Vanilleeis setzte man sich dann fünf Stunden zusammen, und der Eindruck drängte sich auf: Die beiden können es packen, die Kuh vom Eis zu holen. Schewardnadse war beeindruckt vom Flair vergangener Friedenspracht und sagte beim Abschied »Bolschoje spassibo Münster otschen choroscho – ganz herzlichen Dank, Münster war sehr gut«.

Jedenfalls hatte Münster wieder einmal jene kleine Verschiebung der Nuance nach vorn gebracht, die für mit den Verästelungen der deutschlandpolitischen Positionen vertrauten Unterhändler »Bewegung« bedeuteten. Während in Deutschland (Ost) und Deutschland (West) die Vereinigung greifbar und handfest vorbereitet wurde, hatte sich die Diplomatie einer eigenen professionellen Sprache bedient. Da war von neuen »kooperativen Strukturen« die Rede. Für die militärische Sicherheit von Prozessen, wie dem der Konferenz über Sicherheit und Zusammenarbeit in Europa, und von Mechanismen, wie dem der »2+4«-Konferenz, an der die vier Siegermächte und die beiden Teile Deutschlands beteiligt waren. Für das angestrebte neue Verhältnis aber zwischen den bisher verfeindeten Blöcken hatte Genscher einen ganz treffenden neuen Begriff gefunden, den der »Entfeindung«. Die »Entfeindung« machte Fortschritte mit jedem neuen Treffen. Begonnen hatte das deutsch-sowjetische Dauer-Tête-à-tête der außenpolitischen Chefs beim Moskaubesuch Bundeskanzler Helmut Kohls. Es folgten die KSZE-Konferenz von Ottawa mit der formellen Einsetzung des »2+4«-Mechanismus, die Begegnung in Namibia, Gespräche am Vorabend des ersten »2+4«-Treffens in Bonn, eine Konferenz in Genf, ein Meinungsaustausch beim KSZE-Menschenrechtstreffen in Kopenhagen, schließlich Genschers Reise nach Brest und dann Münster. Anschließend war die »2+4«-Konferenz in Ostberlin geplant, sodann in Paris – eine Reisediplomatie, die, wie Genscher es formulierte, zur Vertiefung des Dialogs führen sollte.

Ein Dialog, der zunehmend von gegenseitiger Achtung geprägt war. Genscher stellte fest: »*Er hat etwas so Gewinnendes, weil er in keiner Weise ambitiös ist. Sie spüren, daß er ein sehr ernsthafter Mensch ist. Er ist nicht leichtfüßig, was er sagt kommt aus seinem Herzen, von innen heraus. Das gilt für politische Fragen genauso wie für*

*Gutes Omen für Goldene Zeiten?*

*persönliche. Die Bescheidenheit in seinem Auftreten macht ihn sympathisch. Er ist ein Mann, der auch mit großer Festigkeit seine Position vertritt. Es ist also nicht so, daß jeder Gang mit ihm ein leichter wäre, aber er ist deshalb so beeindruckend, weil er zugänglich ist für die Argumente der anderen.«*

Die Zwiesprache der beiden Außenminister hatte inzwischen solche Intensität erreicht, daß man nahe daran war, den Rahmen für die deutsche Vereinigung fertig zu haben. Gab es diesen Rahmen erst einmal, so das Kalkül der beiden Außenpolitiker, würde sich die Bündnisfrage schon von selbst erledigen.

# 6.

# Die Architekten der deutschen Einheit

In einem Interview vom Dezember 1992 bekannte Schewardnadse, er habe schon lange die deutsche Teilung als einen Fehler erkannt: »*Schon am Anfang der 80er Jahre begann ich darüber nachzudenken und kam zu dem Schluß, daß wir einen ungeheuren Fehler begangen haben. Ich glaube, die DDR war das Ergebnis dieser Fehler. Zum anderen muß ich sagen, daß die Großmächte, die im 2. Weltkrieg den Faschismus besiegt haben, eine große Ungerechtigkeit, eine Sünde begingen, als sie Deutschland teilten und zerlegten. Der historischen Gerechtigkeit wegen muß man sagen, Stalin mag so viele Sünden begangen haben, daß man sie gar nicht zählen kann, aber Stalin war ein Gegner dieser Teilung. Ich glaube, die Entstehung der DDR und der daraus folgenden Komplikationen, die das deutsche Volk darin vorfand, waren das Resultat dieser Teilung. Gott sei Dank, daß alles ein gutes Ende nahm. Ich bin sehr stolz darauf, daß ich an diesem Prozeß beteiligt war.*«

Anders als viele Politiker, übrigens auch bei uns im Westen und sogar im eigenen Land, hatte Schewardnadse das untrügliche Gefühl, daß das, was zusammengehört, auch zusammenstrebt. Tatsächlich war das Erstaunen auch hierzulande groß, mit welcher Begeisterung die beiden deutschen Staaten sich zueinander bekannten, und diese Tatsache darf auch in der heutigen Situation nicht vergessen werden, die mit den Übergängen zur Normalisierung zwischen West und Ost noch einige Zeit befrachtet sein wird. Wer seine eigene Heimat so sehr liebt, wie es Eduard Schewardnadse immer wieder zeigt, für den ist der Begriff Einheit einer Nation mehr als eine politische Vokabel, er ist ein politischer kategorischer Imperativ. Vielleicht traf Schewardnadse sich in diesem Verständnis mehr als in jeder anderen Hinsicht mit seinem deutschen Gegenüber. Ist nicht auch im Westen Genschers unermüdlicher Hinweis auf das andere Deutschland hier und da belächelt worden? Hat man ihn nicht sogar verdächtigt, wie es Jim Hoagland, Kommentator der International Herald Tribune im Februar 1987 einmal tat, mehr die Interessen des Ostens zu vertreten, ja sogar vielleicht ein »Maulwurf«, ein eingeschleuster Spion zu sein? Hoagland verstieg sich zu der Feststellung: »*Genscher gibt zu berechtigten Zweifeln Anlaß, nicht was seine Loyalität, sondern was seine Integrität anlangt.*« Und weiter: »*Die eigentlich drängende Frage der NATO lautet nicht, können wir Gorbatschow trauen, sondern können wir einem Genscher trauen, der auf beiden Schultern trägt.*« Oder: »*Das, worum es ihm geht, ist nicht die gerechte Sache, nicht Entspannung, sondern die eigene Person*«.

Gräfin Dönhoff hatte dieser »Unverschämtheit« von »Betonköpfen« in der Wochenzeitung »Die Zeit« vehement widersprochen und auf Genschers Devise hingewiesen, die lautet: »*Im nuklearen Zeitalter ist Konfrontation das größte Risiko, jeder Schritt zur Kooperation ist darum eine Risikominderung.«* Und sie erinnerte den amerikanischen Kollegen an den Satz eines großen alten Landsmannes, der einmal gesagt hat: »*Nothing is as powerful as an idea whose time has come.*« Es stimmte wohl: Nichts ist mächtiger als eine Idee, deren Zeit gekommen ist.

War nicht ein Großteil der nationalen wie der internationalen Presse über Genscher hergefallen, als er am 1. Februar 1987 in Davos vor dem World Economic Forum die Forderung erhob: »*Laßt uns Gorbatschow beim Wort nehmen*« und dafür plädierte, seine Reformpolitik zu unterstützen, statt sie zu torpedieren, weil er darin zu Recht einen Schlüssel zur Überwindung der deutschen Teilung vermutete? Diese wegweisende Rede wurde übrigens nur zweieinhalb Jahre vor dem Fall der Mauer in Berlin gehalten – aber auch zweieinhalb Jahre, nachdem Genscher im Kreml einen neuen Kollegen hatte, mit dem er menschlich auf der gleichen Wellenlänge lag und politisch wesensverwandt dachte. Schewardnadse sagte 1992:

»*Seit 1986 denke ich über die Wiedervereinigung Deutschlands nach. Ich habe damals gesagt, daß die Hauptfrage in Deutschland momentan die nationale Frage ist. Heute hat diese Frage eine große Bedeutung bekommen. Mein Gesprächspartner war ein Germanist, und er hat mir gesagt, daß ich mich irre, er sagte, daß die nationale Frage für die Deutschen nicht die wichtigste Frage ist. Ich antwortete damals, in zwei oder drei Jahren sehen wir, daß diese Frage doch die wichtigste ist. Wenn wir nicht die Weisheit besitzen, Entscheidungen zu treffen, wenn wir nicht die Gewißheit haben, daß das die richtigen Entscheidungen sind, wird das die Welt teuer zu stehen kommen.*«

Hans-Dietrich Genscher stellte – ebenfalls 1992 – fest: *»Die deutsche Einheit wäre wohl auch gar nicht in dieser Zeit zu regeln gewesen, wenn nicht damals auf der sowjetischen Seite ein Mann wie Schewardnadse gewesen wäre, mit sehr viel Einfühlungsvermögen, gutem Willen und mit der Einsicht in die historische Notwendigkeit der deutschen Vereinigung. Was uns alle sehr beeindruckt hat, war der ganz aufrichtige Wille des Mannes auf der anderen Seite, mit uns zu einem Ergebnis zu kommen und nicht den Repräsentanten einer Macht herauszukehren, die als Ergebnis des 2. Weltkrieges eine wichtige Position in Deutschland hatte.«*

Im Oktober 1986 bekannte Genscher in einem Gespräch mit dem mittlerweile verstorbenen Guido Baumann, wie sehr die Überwindung der deutschen Teilung für ihn Leitmotiv in seiner Außenpolitik war: *»Wenn Sie sehen, daß das Land geteilt ist, daß die Deutschen in zwei Staaten leben, daß ich aus dem anderen Teil Deutschlands stamme, dann werden Sie ja deutsche Außenpolitik nicht betreiben können, ohne jederzeit daran zu denken, was ihr Tun für eine Bedeutung hat für die Menschen in Halle, Magdeburg oder Dresden. Die Sonntagsreden von den Brüdern und Schwestern, die sich in Phraseologie erschöpfen und sich einen Deubel darum kümmern, was die Menschen dort an Auswirkungen zu tragen haben von unserer Politik, sind nicht nur nutzlos und dumm, ja sie verzögern sogar eine Annäherung.«* Baumann fragte ihn, ob heute (1986) überhaupt noch jemand realistisch von der Wiedervereinigung spreche. Genschers Antwort: *»Ich bin der Auffassung, daß die Präambel unseres Grundgesetzes auch heute noch das Grundgefühl der Deutschen ausdrückt. (Darin heißt es:*

»... seine nationale und staatliche Einheit wahren«). *Man muß zuerst den Begriff definieren. Wiedervereinigung könnte so aussehen, den deutschen Staat so wiederherzustellen, wie er war, aber in welchem Jahr? 1936, 1937 oder 1939? Das Entscheidende ist, daß die Deutschen nicht getrennt voneinander leben wollen.«*

Und Genscher bekennt auch, im Unterschied zu vielen anderen Kabinettsmitgliedern der damaligen Zeit, daß er sich mit dem Geschehen in der DDR auseinandersetzt: *»Ich lese im Moment sehr viel von den Schriftstellern, die drüben in der DDR leben. Das ist keine politische Literatur. Das interessante ist ja, daß die Leute wahrscheinlich im Moment im deutschsprachigen Raum die kreativsten sind, vielleicht weil sie im größeren Spannungsverhältnis leben.«* Nicht ohne Emotion fügt er hinzu: *»Derjenige wäre ein schlechter Deutscher, der vergessen würde, daß in Halle oder Dresden Deutsche leben.«*

Und als der Journalist Klaus Bresser ihn in der ZDF-Sendung »Was nun, Herr Genscher« am 19. Juni 1986 fragte, ob er unter der deutschen Teilung leide, antwortete Genscher: *»Ja. Es könnte auch gar nicht anders sein. Meine Heimat ist Halle an der Saale. Ich leide darunter, ich leide übrigens auch unter der Gleichgültigkeit, mit der auch viele unserer Mitbürger diese Teilung hinnehmen. Daß ich mich als Außenminister freue, wenn Eltern mit ihren Kindern nach Paris reisen und nach Rom und in andere europäische Länder, ist klar, denn wenn junge Menschen andere Völker erkennen und anerkennen, dann können sie nicht mehr aufgehetzt werden. Aber ich muß trotzdem sagen, ich würde mir wünschen, daß viel mehr Eltern, auch viel mehr Schulen, Reisen mit den Kindern in die DDR machen würden. Das können wir* *alles selbst tun, daran hindert uns der Ost-West Gegensatz nicht. Das kann heute schon geschehen. Damit junge Menschen empfinden, daß Weimar nicht irgendwo liegt, sondern in deutscher Geschichte; und dort wird das dankbar aufgenommen. Also unter Gleichgültigkeit, unter der leide ich, aber ich leide auch unter der Teilung als solche.«*

Als Bresser zugespitzt formuliert fragte: »*Ist denn die Teilung nicht nur unser Schicksal, sondern unsere Pflicht?*« gab Genscher eine Antwort, die in dürren Worten die Leitlinie der deutschen Außenpolitik seit Beginn der Bundesrepublik Deutschland beschreibt: »*Sie ist nicht unsere Pflicht. Wenn wir eine Politik in Europa betreiben, die Grenzen überflüssig macht, Gegensätze abbaut, dann werden auch die Grenzen überflüssig, die Deutschland trennen. Es sind ja dieselben Grenzen, die Deutschland trennen, die auch Europa trennen. Wissen Sie, das Wort ›teilen‹ ist auch schon ein gefährliches Wort. Es ist eigentlich eine Trennung. Teilung, das ist endgültig. Ist Europa endgültig geteilt? Ich habe den gegenteiligen Eindruck. Diese europäische Geschichte, die kraft der gemeinsamen europäischen Kultur Kriege überwunden hat, die wird auch stärker sein als unterschiedliche Systeme. Dieses Europa wird sich finden, und da nehme ich gern das auf, was Michail Gorbatschow gesagt hat, als er vom ›Gemeinsamen Haus Europa‹ sprach, nur, in diesem gemeinsamen Haus Europa muß man auch hin und her gehen können.*«

Als mit Eduard Schewardnadse am 17. Januar 1988 zum ersten Mal nach fünf Jahren wieder ein sowjetischer Außenminister Bonn besuchte, da sprach er gleich bei seiner Ankunft die sybellinischen Worte:

*»Wir haben große Pläne!«* Sollte endlich das passieren, was Michail Gorbatschow schon im Juli 1986 beim Besuch Genschers im Kreml gesagt hatte, nämlich daß man ein neues Blatt in den deutsch-sowjetischen Beziehungen aufschlagen wolle?

Genscher wurde in einem Interview mit dem Deutschlandfunk am 18. Januar 1988 mit diesen »großen Plänen« seines sowjetischen Amtskollegen konfrontiert und gab die klassische Antwort: *»Ich denke, daß wir uns bewußt sein müssen, daß die Zeit reif ist, entschlossene Schritte zur Überwindung der Teilung unseres europäischen Kontinents zu unternehmen.«*

Die Überwindung der Teilung unseres europäischen Kontinents war aber nichts anderes, als die Überwindung der deutschen Teilung. Am Abend des 18. Januar 1988 gab Genscher für seinen sowjetischen Gast ein Abendessen in der Bad Godesberger Redoute. In seiner Tischrede sagte er:

*»Wir dürfen die Teilung Europas nicht als eine gegebene unveränderliche Tatsache hinnehmen, wir müssen sie überwinden. Die Zeit ist reif dafür, haben Sie mir gestern abend gesagt. Wir haben uns vorgenommen, nach dieser Einsicht und in dieser Verantwortung zu handeln. In der europäischen Friedensordnung, für die der Weg durch die Schlußakte von Helsinki vorgezeichnet ist, muß auch das deutsche Volk seinen gleichberechtigten Platz einnehmen, sein Selbstbestimmungsrecht wie alle anderen Völker verwirklichen können... Die Deutschen, die heute in Ost und West getrennt leben, haben nicht aufgehört und werden nicht aufhören, sich als eine Nation zu fühlen. Damit wenden wir uns gegen niemanden. Im Gegenteil: es ist gerade die Teilung und ihre Auswirkung auf die Menschen,*

*die uns in ganz besonderem Maße des Friedens bedürftig macht.«*

Erst unlängst enthüllte Genscher (»Deutsch-Deutsche Wege«, in F.D.P. Bundestagsfraktion »Nachlese, Mai 1994), daß er »nach reiflicher Überlegung« zum ersten Mal im Herbst 1988 mit Schewardnadse über »voraussehbare Entwicklungen« in der DDR gesprochen habe. Er schreibt: »*In Erinnerung an die Bitterkeit, die ich 1953 und 1956 empfunden hatte, habe ich gesagt, daß die Reformentwicklung nicht um die DDR herumgehen könne. Deshalb müsse man davon ausgehen, daß solche Entwicklungen auch in der DDR 1989 stattfinden würden.*

*Das gehe die Sowjetunion an und uns. Uns, weil es sich um Deutsche handele und die Sowjetunion, weil sie dort Streitkräfte habe. Er kenne meine Haltung zu unseren Beziehungen zur Sowjetunion, aber ich müsse ihm in aller Offenheit sagen, daß wir deshalb anders reagieren müßten und würden, als dies 1953 möglich war, wenn Streitkräfte eingesetzt würden. Er hat mir damals gesagt, daß er die Lage anders einschätze als ich. Er hat dann sehr viel früher als andere ihm Jahre 1989 gesagt, daß ich wohl recht habe.*

*Ich muß sagen, daß ich außerordentlich beeindruckt war, wie er in den Beratungen über die deutsch-sowjetische Erklärung, die aus Anlaß der Begegnung von Herrn Gorbatschow mit dem Bundeskanzler im Juni 1989 unterzeichnet wurde, sich auf der sowjetischen Seite dafür einsetzte, daß das Recht zur Regelung der eigenen inneren Angelegenheiten und zur Bestimmung des Systems Gegenstand der Erklärung wurde. Für mich war das eine Hoffnung, daß die Sowjetunion diesmal anders reagieren würde als 1953.*«

Noch drei weitere Male traf Genscher Schewardnadse, mit dem er den Moskaubesuch des Bundeskanzlers im Oktober 1988 vorbereitete. Ende Juli hatte Schewardnadse ihn und seine Frau Barbara zum ersten Mal auch zu einem privaten Abendessen in seine Moskauer Stadtwohnung eingeladen. Mit dabei waren Schewardnadses Sohn, seine Schwiegertochter und die beiden Enkel. Diese Geste wurde von allen politischen Beobachtern in Moskau als eine deutliche Referenz an das gewachsene vertrauensvolle Verhältnis der beiden Politiker gewertet, selbst die TASS schrieb damals: »*Die Ampeln im deutsch-sowjetischen Verhältnis stehen auf grün.*« Und Wladimir Kulistikow bemerkte damals in der Moskauer Zeitung »Neue Zeit« über Genscher:

»*Genscher arbeitet für den Frieden. Naiv, mit diesem Satz einen Artikel über einen heutigen Politiker von Weltruf zu beginnen. Doch in der Sowjetunion ist ein Friedensstifter auf der bundesdeutschen politischen Bühne ein Phänomen, das einer besonderen Erklärung bedarf. Weder die Ostverträge der 70er Jahre noch der Friedensnobelpreis für Willy Brandt oder der sich ausweitende wirtschaftliche und kulturelle Austausch räumten mit dem Argwohn ganz auf. Die Friedensliebe der Deutschen aus der mit uns verbündeten DDR wird als etwas Selbstverständliches betrachtet, doch was die BRD angeht... Lange, zu lange stellte unsere Propaganda das ganze so hin, als hätten sich am Rhein die Deutschen zusammengerottet, die für den vergangenen Krieg verantwortlich seien und die einen neuen Krieg vorbereiteten... Würden die Bundesdeutschen tatsächlich den im kalten Krieg entstandenen Feindbildern entsprechen, würde Genschers Haltung ihn kaum so beliebt werden lassen. Seine Sicht der Welt und des Platzes der Deutschen in ihr ist eine Verbindung alter Ideen von einer gewaltfreien Friedensordnung, von europäischer Einheit und von Weltbürgertum, die er selbst als ›neues Denken‹ bezeichnet.«*

»Neues Denken« hatte der russische Journalist dem deutschen Außenminister bescheinigt und neues Denken gab es auch im eigenen Land.

Kein Zweifel, ein langer Weg war im deutsch-sowjetischen Verhältnis zurückgelegt worden. Die Konferenz für Sicherheit und Zusammenarbeit in Europa hatte ein Netz von kooperativen Strukturen über Europa gespannt, das tragfähig war und politischen Widrigkeiten trotzte, die den Weg zurück in den kalten Krieg wiesen. Selbst der NATO-Doppelbeschluß, der die Sowjets dazu zwingen sollte, ihre einseitig aufgestellten landgestützten nuklearen Mittelstreckenraketen des Typs SS-20 wieder abzubauen, hatte daran nichts ändern können. Wie schwer war es damals Hans-Dietrich Genscher gefallen, im Wahljahr 1983 vor die Bevölkerung eines Landes hinzutreten, das ohnehin schon zu den hochgerüstetsten Ländern der Welt gehörte, und Zustimmung der Wähler dafür zu erbitten, auf die sowjetische Drohung mit der Aufstellung von 80 amerikanischen Mittelstreckenraketen des Typs Pershing II zu antworten. Schewardnadses Vorgänger, Andrej Gromyko, war noch kurz vor den Märzwahlen 1983 in Bonn gewesen und hatte Genscher beinahe zynisch gefragt:

*»Lieber Herr Genscher, Sie glauben doch nicht im Ernst daran, daß Sie angesichts der Hunderttausenden von Demonstranten gegen die ›Nachrüstung‹ hier in Westdeutschland in diesem Jahr neue Raketen aufstellen können?«*

Genscher hatte ihm damals mit großer Festigkeit die Haltung der NATO und der eigenen Regierung erläutert und erwidert: »*Herr Außenminister, wenn Sie die SS-20 nicht an den westlichen Grenzen des Warschauer Paktes abbauen, dann werden wir mit der Aufstellung ebensolcher Raketen antworten, und die deutschen Wähler werden uns dafür ihre Zustimmung geben.*«

Als niemand wußte, wie die danach eintretende neue Sprachlosigkeit zwischen Ost und West überwunden werden könnte, fiel dem deutschen Außenminister das alte sowjetische Sprichwort ein, das da lautet: »Vertrauen ist gut, Kontrolle ist besser« - ein Prinzip, das nur darauf wartete, in praktische Politik umgesetzt zu werden. »Verifikation« hieß das neue Zauberwort, das Genscher damals aus dem Hut zog, das schlicht und einfach dem Bedürfnis nach Sicherheit auf beiden Seiten Ausdruck verlieh und unter dem Dach der KSZE in einer neuen Konferenz ausprobiert werden sollte, die den beziehungsreichen Namen trug: Konferenz für Vertrauensbildung und Abrüstung in Europa (KVAE).

Was sollte erreicht werden? Nichts anderes, als daß man mit 36 Stunden Vorlauf der anderen Seite ein Inspektionsteam ankündigen konnte, das mit allen modernen Hilfsmitteln und jeglicher Unterstützung des Gastlandes eine Inspektion im feindlichen Lager durchführen und z.B. in der Kaserne in einem Vorort von Kiew nachschauen konnte, wie viele Geschütze denn dort wirklich standen. Und umgekehrt sollte ein sowjetisches Inspektionsteam mit nur eineinhalb Tagen Vorankündigung in die Bundesrepublik Deutschland oder anderswo in den Westen reisen können, um festzustellen, wie es denn mit der Stationierung von Leopardpanzern hier oder dort bestellt war.

Genscher wird auch sein kurzes Gespräch mit Gromyko im Januar 1985 in Stockholm nicht vergessen haben, wo die Konferenz für Vertrauensbildung und Abrüstung in Europa auf Außenministerebene eröffnet wurde. Gromyko war damals wütend nach Stockholm gereist und eigentlich nur gekommen, weil seine Außenministerkollegen des Warschauer Paktes angereist waren und er nicht zurückstehen konnte. *»Herr Genscher, ich weiß genau, was Sie mit dieser Konferenz wollen. Sie wollen nur ein Loch in unseren Zaun bohren, und ich sage Ihnen, das wird Ihnen nicht gelingen!«*

Genscher hatte ihn damals mit seinen großen blauen Augen erstaunt angesehen und ihm bedeutet: *»Herr Außenminister, Sie irren sich. Wir wollen kein Loch in Ihren Zaun bohren. Wir wollen den ganzen Zaun abreißen!«* Niemals zuvor hatte man Grim-Grom Gromyko grimmiger erlebt als nach dieser Antwort.

Und das war noch nicht lange her. Als das Ergebnis der KVAE feststand, nämlich die Unterschrift unter das beschriebene Verifikationssystem, da gab es längst einen anderen Außenminister im Kreml, namens Eduard Schewardnadse. Und hätte es diese Politik des Dialogs, der Kooperation, der Vertrauensbildung im Rahmen der KSZE nicht gegeben, dann wäre auch 1987 das erste historische Abrüstungsabkommen nicht geschlossen worden, mit dem erstmalig eine ganze Waffenkategorie, nämlich landgestützte nukleare Mittelstreckenraketen, global vernichtet wurden. Und dann hätte sich auch das Vertrauen zwischen West und Ost nicht einstellen können, das nötig war auf dem Weg zur deutschen Einheit - an die damals niemand glauben wollte.

Aber der Weg zu dieser Vertrauensbildung war nicht immer einfach. Die Debatten, auch hierzulande, etwa über die Modernisierung von Kurzstreckenwaffen, die doch nur potentielle Reformstädte wie Budapest, Warschau und Prag, Sofia und Bukarest treffen konnten, irritierten den deutsch-sowjetischen Verhandlungsprozeß. Auch die ungeklärte Frage der Westgrenze Polens war ein großes Hindernis. Aber dann kam es im Juni 1989 zum ersten Besuch von Michail S. Gorbatschow, der von allen Deutschen mit wahren Begeisterungsstürmen begrüßt wurde. Bei dieser Gelegenheit wurde im Bundeskanzleramt in Bonn die »Gemeinsame Erklärung« unterzeichnet, in der ein Kernsatz hieß: »*Die Bundesrepublik Deutschland und die Sowjetunion betrachten es als vorrangige Aufgabe ihrer Politik, an die geschichtlich gewachsenen europäischen Traditionen anzuknüpfen und so zur Überwindung der Trennung Europas beizutragen.*«

Diese Erklärung fiel in das Jahr, in dem die Bundesrepublik Deutschland und auch die DDR ihren 40. Geburtstag feierten. Als Gorbatschow zur Feier des 40. Jahrestages der DDR auf Einladung Honeckers nach Ostberlin gekommen war, hatte die DDR nur noch wenige Wochen zu existieren. Gorbatschow schrieb damals seinem Gastgeber das historische Wort ins Stammbuch: »*Wer zu spät kommt, den bestraft das Leben!*«

Das Jahr 1989 hatte mit der Feststellung Schewardnadses bei der KSZE-Konferenz in Wien begonnen:

*»Der Eiserne Vorhang rostet.«* Als Genscher ihm bei dieser Gelegenheit erwiderte, daß der Vorhang nicht nur roste, sondern bereits zerfalle, erwiderte Schewardnadse nur: *»Darüber müssen Sie mit Herrn Fischer* (dem Außenminister der DDR) *sprechen.«*

Das war insofern eine wichtige Erklärung, als damit beinahe verbindlich ausgedrückt wurde, daß sich die Sowjets dieses Mal, anders als 1953, 1956 und 1968, nicht einmischen würden, wenn die beiden Teile Deutschlands sich Gedanken über die Zeit nach dem Fall des Eisernen Vorhangs machen würden.

Das Kernziel deutscher Außenpolitik, nämlich die deutsche Vereinigung im Rahmen einer Überwindung der europäischen Spaltung zu erreichen, war in greifbare Nähe gerückt.

In der ersten Sondernummer der Moskauer News am 10. Juni 1989 hatte Genscher in einem Artikel über die deutsch-sowjetischen Beziehungen folgendes formuliert: *»Heute wird sich Europa, das ganze Europa, seiner selbst und seiner aus dem gemeinsamen Erbe erwachsenden Verantwortung zunehmend bewußt. Diese Entwicklung müssen wir fördern, denn sie eröffnet eine historische Chance für den Beginn eines neuen Abschnitts in der Geschichte unseres Kontinents. Ein Europa ohne Trennung, ohne ›Eisernen Vorhang‹, ohne Mauer und ohne Stacheldraht erscheint wieder erreichbar. Es wird kommen. Außenminister Schewardnadse hat recht: Der ›Eiserne Vorhang‹ ist rostig und zerfällt.«*

Hans-Dietrich Genscher ging es nicht gut damals. Im Juli 1989 hatte er seinen zweiten Herzinfarkt erlitten, den er im Bonner Malteser Krankenhaus und später zu Hause einige Wochen lang auskurieren mußte. Wie eng sein persönliches Verhältnis zu Schewardnadse damals schon war, zeigt auch die Tatsache, daß Schewardnadse sich persönlich im Bonner Malteser Krankenhaus nach dem Gesundheitszustand seines deutschen Amtskollegen erkundigte.

In der Zeit, als die Flüchtlinge zu Tausenden in die deutsche Botschaft nach Ungarn flüchteten, war Genscher noch zu krank, um selber einzugreifen, und er schickte statt dessen seinen Staatssekretär Jürgen Sudhoff nach Budapest, um dort mit dem ungarischen Außenminister Gyula Horn zu verhandeln. Bereits Ende 1988 hatte Genscher Schewardnadse vor Instabilität und Aufruhr in der DDR gewarnt, falls das Regime auch weiter keine Reformen zulassen wolle. Aber die Uneinsichtigkeit in Ostberlin trieb weiter ihre Blüten, selbst am 28. Jahrestag des Mauerbaus am 13. August 1989 stellte Honecker fest: »*Die Mauer wird nicht niedergelegt, solange die Bedingungen weiter bestehen, die zu ihrer Errichtung führten, und solche Bedingungen bestehen weiter.*«

Diese Bemerkung ließ den Flüchtlingsstrom weiter ansteigen. Die SED-Führung hatte endgültig jeden Kontakt zu ihrem Volk verloren. Mehr als 30 000 ostdeutsche »Touristen« hielten sich im Frühsommer 1989 in Ungarn auf, voller Hoffnung auf eine Ausreise nach Österreich. Nach einem geheimen Treffen zwischen Bundeskanzler Kohl und dem ungarischen Ministerpräsidenten Memeth und einer Verabredung zwischen Genscher und Horn auf Schloß Gymnich bei Bonn verkündete die ungarische Regierung am 10. August 1989: »*Ungarn gestattet den ostdeutschen Flüchtlingen die Ausreise in die Bundesrepublik.*« Im Gegenzug zeigte sich

Bonn mit einem Milliardenkredit für die Reformkommunisten in Budapest erkenntlich.

Aber der Flüchtlingsstrom schwoll weiter an. Die Tschechoslowakei schloß ihre Grenzen zu Ungarn. Bonns Botschaften in Prag und Warschau mußten immer mehr Flüchtlinge aufnehmen. Am Rande der Sondergeneralversammlung der UNO in New York, die Genscher traditionell in der dritten Septemberwoche besuchte, kam es auch zu einer Unterredung mit dem DDR-Außenminister Oskar Fischer, ohne Erfolg. Selbst als der Bonner Botschafter Huber aus Prag telegraphierte, mit mehr als 2500 Flüchtlingen sei nunmehr die Aufnahmekapazität der Botschaft überschritten, insbesondere was die sanitären Einrichtungen betreffe, gab sich der orthodoxe tschechoslowakische Außenminister Johanes noch eisenhart: Die Situation in der Botschaft interessiere die tschechoslowakische Regierung nicht, sie sei eine Angelegenheit der beiden deutschen Staaten. Nur bei einem fand die Bonner Regierung Gehör: bei Außenminister Schewardnadse. Bei einem kurzfristig angesetzten nächtlichen Treffen in New York unterrichtete Genscher seinen Amtskollegen über die Situation in Prag. Schewardnadse verstand die Dramatik sofort und erkundigte sich als erstes nach der Anzahl der erkrankten Kinder unter den Botschaftsflüchtlingen. Genschers damaliger Bonner Kabinettschef Frank Elbe beschreibt als Augenzeuge die Situation so:

»*Schewardnadse hatte sich umgehend bereit erklärt, Genscher kurzfristig zu sehen. Seine Zusage kam so schnell, daß Genscher einen Termin mit dem ägyptischen Außenminister unterbrechen mußte. Die Zeit reichte noch nicht einmal aus, die übliche Wagenkolonne zusammen-*

zustellen. *Genscher setzte sich einfach in einen New Yorker Polizeiwagen, der sich mit Blaulicht durch die völlig verstopfte 3rd Avenue zur sowjetischen UNO-Botschaft quälte. Schewardnadse wartete schon am Eingang. Genscher schilderte ihm die katastrophale Entwicklung in der deutschen Botschaft in Prag. Es sei eine völlig untragbare Situation, daß im Herzen Europas 2500 Menschen, darunter 500 Kinder, unter menschenunwürdigen Umständen untergebracht würden. Er richtete die eindringliche Bitte an seinen Amtskollegen, zugunsten einer Lösung für die Flüchtlinge zu intervenieren. Schewardnadse reagierte betroffen.*«

Heute weiß man, daß Schewardnadse starken Druck auf die DDR ausübte, diesem Zustand ein Ende zu bereiten. Noch in New York teilte DDR-Außenminister Fischer Genscher telefonisch mit, die SED-Regierung favorisiere die Ausreise der Flüchtlinge in Zügen über das Gebiet der DDR. Was dann folgte, bezeichnete Hans-Dietrich Genscher später einmal als den bewegendsten Augenblick in seiner gesamten Amtszeit. Vom Balkon des Prager Palais Lobkowitz aus teilte er über 5000 jubelnden Menschen mit: »*Liebe Landsleute, ich bin heute zu Ihnen gekommen, um Ihnen mitzuteilen, daß heute Ihre Ausreise in die Bundesrepublik Deutschland bevorsteht.*« Eilig zusammengerufene Diplomaten aus dem Bonner Auswärtigen Amt fuhren in den Zügen mit, die in mehreren Aktionen über 11 000 Flüchtlinge von Ost- nach Westdeutschland brachten – der Anfang vom Ende der sozialistischen Einheitspartei Deutschlands und ihres Vorsitzenden Erich Honecker.

Wenige Wochen später berichtete Bonns Botschafter in Moskau, daß Außenminister Schewardnadse am

17. November von »gemeinsamen friedlichen Veränderungen im gesamteuropäischen Konsens« gesprochen hatte. Erster Hinweis auf die Bereitwilligkeit der Sowjets, der deutschen Einheit zuzustimmen. Am 28. November trug Bundeskanzler Helmut Kohl dem Parlament in Bonn einen 10-Punkte-Plan vor, der auf eine Konföderation der deutschen Staaten mit dem noch undeutlich formulierten Ziel einer späteren Wiedervereinigung hinauslief. Zwei wesentliche Aussagen machte der 10-Punkte-Plan nicht: Die Bestätigung der Unverletzlichkeit der polnischen Westgrenze und die Frage, ob ein konföderiertes Deutschland den militärischen Bündnissen NATO und Warschauer Pakt weiterhin angehören könnte oder nicht.

# 7.
# Der »2+4«-Prozeß

Schewardnadse war seine Entscheidung, für die deutsche Einheit einzutreten zu keinem Zeitpunkt leichtgefallen. Seine innenpolitischen Gegner, die sich die Beute des Zweiten Weltkrieges nicht aus der Hand nehmen lassen wollten, bekämpften ihn bis aufs Messer. Übrigens ist Genscher im Rückblick der festen Meinung, daß Schewardnadse letztlich über die deutsche Frage gestürzt ist. Schewardnadse wußte, wie gefährlich diese Politik für ihn, aber auch für sein Land war. Wenn man ihn heute nach diesen Umständen fragt, dann gibt er nur eine Antwort: *»Betrachten Sie unser Land und die Situation, in der es sich Anfang 1990 befand. Werfen Sie einen Blick in die Seele des Volkes, und beachten Sie die Grausamkeit, mit der die Gegner der Umgestaltung an der darin gespannten Saite zupften. Diese Saite hätte auch reißen können...«.*

Am 11. Dezember 1989 kam es im Gebäude des Alliierten Kontrollrates in Berlin zu einem für die Deutschen nicht angenehmen Treffen der vier Botschafter. Es hatte 18 Jahre lang kein Treffen der Vertreter der Siegermächte mehr in Berlin gegeben, um so deutlicher war dieses Zeichen: Noch kontrollieren die Alliierten all das, was mit Deutschland passiert. Als sich die vier

Botschafter dann auch noch vor dem Gebäude des Alliierten Kontrollrates bei einem Pressetermin ablichten ließen, war einem von ihnen, Vernon Walters, durchaus nicht wohl dabei, und er meinte, dieses Foto werde einmal das schlimmste Bild des Jahres 1989. Dieser Termin förderte aber auch die Entschlossenheit Hans-Dietrich Genschers, den Weg zur deutschen Einheit nicht ohne die absolute Mitbestimmung aller Deutschen zu gehen. »*Dieser Auftritt*«, so beschwerte er sich am Rande der NATO-Tagung in Brüssel wenige Tage später, »*hat die Würde unseres Volkes verletzt und entspricht auch nicht unserer Mitgliedschaft in der NATO und der EG. Ich gehe davon aus, daß es das letzte Treffen dieser Art war.*«

Am 13. Februar 1990 kamen die Außenminister im Gebäude des ehemaligen Bahnhofs von Ottawa zu einer internationalen Konferenz zusammen, die dem Abrüstungsthema »Open Skies« gewidmet war. Am Nachmittag konnten die Außenminister Genscher, Fischer (DDR), Dumas (Frankreich), Schewardnadse, Baker (USA) und Hurd (Großbritannien) der Presse völlig unerwartet die Vereinbarung vorstellen, daß sie demnächst zu Verhandlungen über die äußeren Aspekte der Herstellung der deutschen Einheit, einschließlich der Fragen der Sicherheit der Nachbarstaaten, zusammenkommen würden.

Genscher wußte genau, daß der Schlüssel zum Erfolg dieser Verhandlungen nur gefunden werden könnte, wenn alle sowjetischen Sicherheitsinteressen gewahrt blieben. Deshalb wurde er nicht müde, immer wieder, auch in Richtung auf die sowjetische Öffentlichkeit, zu betonen, wie es Thomas Mann 1952 einmal formuliert hat, daß die Deutschen ein europäisches Deutschland, nicht aber ein deutsches Europa anstrebten.

Schewardnadse sagte dazu: »*Welches Deutschland entspricht besser unseren Interessen – ein geteiltes, das bittere und potentiell hochexplosive Kränkungen akkumuliert, den gefährlichen Komplex seiner Erniedrigung hegt, die seinem geistig-intellektuellen, wirtschaftlichen und kulturell-kreativen Potential in keiner Weise entspricht, oder ein vereintes, demokratisches Deutschland, das seinen Platz unter den anderen Souveränen des eigenen Schicksals einnimmt?*«

Auch James Baker war der Meinung, daß alle europäischen Völker durch die Schaffung eines souveränen, demokratischen und vereinigten Deutschlands gewinnen würden. Und Schewardnadse schreibt in seinem Buch dazu: »*Auch ich wollte das natürlich und glaubte daran, daß die Garantien dafür durch den Charakter, die Ausrichtung, die Atmosphäre und selbstverständlich auch durch die Arbeitsergebnisse der ›Sechs von Ottawa‹, die sich nur schwer durch das kalte Wort Konstellation charakterisieren ließen, gegeben sein würden.*« Die Sechs von Ottawa einigten sich auf den »2+4«-Verhandlungsprozeß, nicht aber auf den »4+2«-Prozeß, denn die beiden Deutschland Ost und West sollten das Verhandlungssubjekt sein, das die politische Richtung vorgab. Bei der Durchsetzung dieser Verhandlungskonstellation leisteten die Amerikaner, insbesondere James Baker, unschätzbare Dienste, wie er auch auf dem Wege zur Lösung der deutschen Frage neben Schewardnadse die wohl wichtigste Schlüsselfigur war.

Wie dramatisch der »2+4«-Verhandlungsprozeß in seinen Einzelheiten verlief und welche diplomatische

Meisterleistung damit verbunden war, in nur sieben Monaten zu einem guten Ergebnis zu gelangen, beschreiben sehr ausführlich der frühere Bonner Spiegel-Journalist Richard Kiessler und Genschers früherer Büroleiter Frank Elbe in ihrem Buch »Ein runder Tisch mit scharfen Ecken«.

Es folgte eine Konferenzserie in Bonn, Berlin, Paris und Moskau. Genscher verhandelte mit Schewardnadse in Genf, Windhuk, Brest und Münster. Schewardnadse spricht in diesem Zusammenhang von »Schnelldiplomatie«, im Kreml wurde allerdings allgemein auf einen »allmählichen« Prozeß der Vereinigung gesetzt, und der langjährige Botschafter Moskaus in Bonn, Julij Kwizinski, berichtet, daß sich kaum jemand in der Moskauer Führung in der zweiten Jahreshälfte 1989 vorstellen konnte, daß »ein wirtschaftlich so entwickelter und prosperierender Staat wie die DDR ein Jahr später von der Karte Europas verschwinden würde«. Auch Schewardnadse war nicht frei von Zweifeln. Zwar stand für ihn fest, daß er sich der Vereinigung Deutschlands nicht widersetzen würde, andererseits sah er sich aber auch mit Problemen konfrontiert, die mit den tragischen Erfahrungen aus der Geschichte und seiner Verantwortung gegenüber dem eigenen Volk zusammenhingen. Und es gab eine starke Opposition in Moskau. Manche wollten Divisionen an den Grenzen aufmarschieren lassen, andere die Panzermotoren anlassen, so berichtet Schewardnadse. Aber die Konzentration von Truppen und Waffen in Mitteleuropa barg zu viele Gefahren in sich, als daß man jede Vorsicht hätte außer Acht lassen können. So beklagte sich Hans-Dietrich Genscher noch in Ottawa bei Schewardnadse, er sei »steinhart«. Schewardnadse auf der anderen Seite kritisierte die Euphorie in einigen politischen Kreisen der Bundesrepublik Deutschland, die die »rauhen Realitäten« durch Forderungen nach einem Selbstbestimmungsrecht der DDR und aufgrund von Ratschlägen, wie und wann man dort die Gesellschaftsordnung zu wechseln habe, nicht länger zur Kenntnis nehmen wollten. Für ihn wurde damit die Absicht erkennbar, ohne Berücksichtigung der legitimen Interessen der Sowjetunion und der anderen europäischen Staaten durch einseitige Schritte und nach eigenem Ermessen die deutsche Frage lösen zu wollen.

Die Reaktionen aus Moskau waren zwangsläufig. Georgi Kornienko, langjähriger Vize-Außenminister unter Grim-Grom-Gromyko, ebenso wie die reaktionären Deutschlandexperten Falin und Portugalov wollten alles tun, um zu verhindern, daß die DDR dem Westen ausgeliefert werde. Im Februar 1990 besuchte James Baker Moskau, wo ihm Gorbatschow zwar gerne eingestand, daß die deutsche Frage »geregelt werden müsse«.

Bei Bakers Ankunft hatte ein amerikanischer Journalist Schewardnadse gefragt, was er denn von dem Genscher-Plan der »2+4«-Gespräche halte. Seine Antwort: *»Herr Genscher macht manchen vernünftigen Vorschlag!«* Gleichzeitig verhehlte er nicht seine Sorge, daß mit der Wiedervereinigung auch eine Destabilisierung Europas einhergehen könnte. Außerdem wisse er nicht, ob die Deutschen sich nach ihrer Vereinigung für alle Zeiten mit ihren Grenzen zufriedengeben würden. Eine weitere, für die Russen schwer zu verdauende Bedingung kam hinzu: Baker verlangte im Katharinensaal des Kreml, daß Deutschland in der NATO bleiben müsse. Seine Begründung war realistisch, eine Wirtschaftsmacht wie das vereinte Deutschland könne nicht neutral bleiben. In die NATO eingebunden, sei gleichzeitig gewährleistet, daß das deutsche Territorium sich nicht in Richtung Osten ausdehnen würde. In einem langen Brief an den deutschen Bundeskanzler unterrichtete Baker die deutsche Seite über die Sorgen Gorbatschows, der die tiefverwurzelte Angst des sowjetischen Volkes vor den Deutschen nicht unerwähnt gelassen hatte. Diese Sorgen legte auch Schewardnadse im Auftrag Gorbatschows vor dem politischen Ausschuß des Europaparlaments in Brüssel dar.

Nur einen Tag später, am 10. Februar 1990, erhielten Kohl und Genscher im Kreml von Gorbatschow das Versprechen, sich der staatlichen Einheit Deutschlands nicht entgegenzustellen. Gorbatschow wörtlich:

*»Wie Sie sehen, sind wir keine Revanchisten!«*

*»Es gibt zwischen der Sowjetunion, der Bundesrepublik und der DDR keine Meinungsverschiedenheiten über die Einheit und über das Recht der Menschen, sie anzustreben. Sie müssten selbst wissen, welchen Weg sie gehen wollen und mit welchem Tempo sie die Einheit verwirklichen wollen.«*

Noch aus dem Moskauer Pressezentrum wurde die historische Botschaft des Bundeskanzlers der staunenden deutschen Nation frei Haus auf die Bildschirme geliefert: *»Meine Damen und Herren, ich habe heute Abend an alle Deutschen eine einzige Botschaft zu übermitteln. Generalsekretär Gorbatschow und ich stimmen darüber überein, daß es das alleinige Recht des deutschen Volkes ist, die Entscheidung zu treffen, ob es in einem Staat zusammenleben will.«*

Die Dynamik des inneren Einigungsprozesses war kaum noch aufzuhalten. Aber die Herstellung der äußeren Aspekte war noch zu leisten. Worum ging es dabei? Im Auswärtigen Amt waren die Probleme in neun Punkten definiert worden:

Erstens sollte die deutsche Einheit in Harmonie mit dem europäischen Einigungsprozeß und der europäischen Sicherheit geregelt werden. Zweitens verstanden sich die beiden deutschen Staaten als gleichberechtigte Teilnehmer im Vereinigungsprozeß. Drittens wollte die Bonner Regierung die deutsche Einheit nicht über einen förmlichen Friedensvertrag erreichen, sondern strebte nach einer völkerrechtlich verbindlichen Regelung mit den ehemaligen Kriegsalliierten. Viertens ging es darum, die Viermächte-Rechte und -Verantwortungen vollständig zu beseitigen und zu einem Zustand zu gelangen, in dem für das vereinigte

Deutschland keine Fragen mehr bestünden. Fünftens sollte die uneingeschränkte Souveränität des vereinigten Deutschlands bereits zum Zeitpunkt seiner Entstehung gewährleistet sein. Der sechste Punkt betraf die Gewährleistung der Mitgliedschaft des vereinten Deutschland in der NATO. Siebtens sollte es für das vereinigte Deutschland keinen Sonderstatus, keine Singularisierung und keine Diskriminierung geben. Am Ende der Verhandlungen durfte es keinen Sonderstatus für Deutschland geben. Achtens sollten die sowjetischen Streitkräfte die DDR verlassen, gleichzeitig sollte aber die Präsenz amerikanischer Truppen wegen der geographischen Gegebenheiten zwischen NATO und Warschauer Pakt auf deutschem Boden gewährleistet bleiben. Die letzte Frage betraf die Lösung der Grenzfrage mit Polen vor der Vereinigung. Das Problem der polnischen Westgrenze sollte dabei in einer Weise geregelt werden, daß keine Zweifel an der Endgültigkeit dieser Grenze zwischen Polen und dem vereinigten Deutschland zurückbleiben würden. Gleichzeitig sollte festgestellt werden, daß Deutschland keine Gebietsansprüche erheben würde.

Und dann konnte es endlich losgehen: Am 5. Mai, genau an dem Tag, an dem die Bundesrepublik Deutschland 35 Jahre zuvor die Souveränität erlangt hatte, trafen sich zum ersten »2+4«-Treffen die sechs Außenminister im Weltsaal des Bonner Auswärtigen Amtes. Es war an einem Samstag, das Auswärtige Amt war weitgehend leer. Schnell wurde klar, unter welchem Druck Schewardnadse operieren mußte. Eine jener scharfen Kanten, die Schewardnadse an dem runden Verhandlungstisch entdeckte, war sein Problem, das sowjetische Volk davon zu überzeugen, daß die deutsche Vereinigung auch in seinem Interesse lag.

Wörtlich sagte er: »*Das sowjetische Volk muß sehen, daß der Schlußstrich unter die Vergangenheit würdig und fair gezogen wird.*« Er kannte die Meinungsumfragen in Moskau, nach denen 97% der Sowjetbürger Deutschland nicht in der NATO sehen wollten, und warnte: »*Wenn man versuchen sollte, uns in Dingen, die unsere Sicherheit betreffen, in die Enge zu treiben, so wird dies – ich sage das ganz offen – eine Situation herbeiführen, in der unsere politische Flexibilität jäh beschränkt wird. Das Brodeln der Emotionen in unserem Lande wird zunehmen, in den Vordergrund werden die Gespenster der Vergangenheit rücken, und die nationalen Komplexe, die in den tragischen Kapiteln unserer Geschichte wurzeln, werden wieder aufleben.*«

Deshalb schlug Schewardnadse vor, die inneren von den äußeren Aspekten abzukoppeln und zunächst Sicherheitsstrukturen in Europa parallel zur Herstellung der äußeren Aspekte der deutschen Einheit zu entwickeln. Waren das schon erste Warnungen, die auf den späteren Putsch in Moskau hindeuten sollten? Für Genscher war damals klar, daß man auch über die Herstellung der deutschen Einheit hinaus sowjetische Streitkräfte auf dem Gebiet der früheren DDR ertragen würde. Daß eine Lösung gefunden werden mußte, war allen Außenministern klar. Baker beschrieb das so: »*Wir müssen eine Lösung finden, bei der es weder Gewinner noch Verlierer geben wird.*« In der Pressekonferenz nach dem ersten »2+4«-Treffen stellte Genscher fest: »*Der Wille der Deutschen, ihre Vereinigung ordnungsgemäß und ohne Verzögerung zu vollziehen, wurde von allen Teilnehmern anerkannt.*« Wie groß der Druck auf Schewardnadse in dieser Zeit wirklich war, erfuhr Genscher erst nach Schewardnadses Rücktritt im Dezember 1990, als dieser auch um sein Leben fürchten mußte.

Seine Gegner hatten sehr konkrete Vorwürfe parat: Schewardnadse habe die geopolitische Struktur in Eu-

*Pfadfinder*

ropa zerstört; er habe die Sowjetunion ihrer Verbündeten beraubt und ihren äußeren Sicherheitsgürtel zerissen; er habe es zugelassen, die NATO als feindliches Bündnis an die Grenzen des Vaterlandes heranrücken zu lassen; er habe den Warschauer Pakt beseitigt und, vielleicht das Schlimmste, die Vereinigung Deutschlands, gefördert. Ein alter Kämpfer, der sich rühmte, vor Leningrad 38 deutsche Soldaten getötet zu haben, erklärte freimütig vor einer deutschen Kamera: »Jetzt habe ich noch zwei Männer umzubringen, Schewardnadse und Gorbatschow, die Zerstörer des Sowjetimperiums.«

Die »Frage aller Fragen«, wie Schewardnadse sagte, blieb die Zugehörigkeit des vereinigten Deutschland zur NATO. Der politische Direktor des Auswärtigen Amtes, Dieter Kastrup, hatte eingesehen, daß man von der bisherigen NATO-Doktrin, die der belgische Außenminister Harmel 1967 formuliert hatte und die auf Stärke und Dialog aufbaute, nun Abschied nehmen und sie um eine neue Dimension erweitern mußte, die der Kooperation. Deshalb sprach Genscher sich bei der NATO-Außenministertagung in Turnberry, Großbritannien, am 7. Juni 1990 für eine dramatisch neue Form des Verhältnisses zwischen NATO und Warschauer Pakt aus. Die »Botschaft von Turnberry« lautete schlicht und einfach: Die Zeit des kalten Krieges ist vorbei, das Zeitalter der Kooperation beginnt. Am 6. Juli 1990 fand in London ein NATO-Gipfel statt, der diesen neuen Ansatz bekräftigte. Im Londoner Kommuniqué lautete die Feststellung der 16 NATO Staats- und Regierungschef wie folgt: *»Die Atlantische Gemeinschaft wendet sich den Ländern Mittel- und Osteuropas zu, die im kalten Krieg unsere Gegner waren, und reicht ihnen die Hand zur Freundschaft.«*

Der 28. Parteitag der KPdSU, der am 11. Juli 1990 zu Ende ging, führte zu einer Stärkung der Positionen Gorbatschows und Schewardnadses. Schewardnadse unterrichtete Genscher damals über die Stimmung auf diesem Parteitag, die schwierig und schwankend gewesen sei und sich erst am Ende für den Reformkurs entschieden habe. Gorbatschow wurde mit 3411 gegen 1146 Stimmen zum Parteichef gewählt, drei Tage später akzeptierten die Delegierten das Programm mit dem Titel »Für einen humanen, demokratischen Sozialismus.« Bereits einen Tag später reiste NATO-Generalsekretär Manfred Wörner nach Moskau und hörte von Gorbatschow, wie hilfreich die Botschaft des NATO-Gipfels gewesen sei. Und was Schewardnadse schon in Kopenhagen und Brest Genscher mitgeteilt hatte, das wurde jetzt auch von Gorbatschow bestätigt: »*In London wurde ein großer Schritt auf dem Wege getan, sich der Fesseln der Vergangenheit zu entledigen. Die Tatsache, daß die Sowjetunion vom Westen heute nicht mehr als Gegner angesehen wird, hat große Bedeutung für die Pläne der Zukunft*«. Und Schewardnadse fügte hinzu: »*In dieser Situation erscheint die Frage nach der Mitgliedschaft des vereinigten Deutschlands im Nordatlantikpakt bereits in einem ganz anderen Licht.*« »*Wir haben Realpolitik gemacht*«, so beschrieb Gorbatschow am 16. Juli 1990 den Abschluß der Gespräche im Kaukasus.

In der Staatsdatscha bei Archys sprach Kohl an diesem Tag von einem »Höhepunkt in der Geschichte der deutsch-sowjetischen Beziehungen«. War es nur ein Zufall der Geschichte, daß die anschließende Pressekonferenz in der Lungenheilanstalt von Schelesknowodsk stattgefunden hatten, eine medizinische Einrichtung also, die den beiden über Jahre an Tuberkulose leidenden Außenministern Genscher und Schewardnadse nur allzu vertraut war? Wie zwei Schuljungen hatten Genscher und Schewardnadse am Nachmittag nach erfolgreich getaner Arbeit in einer Hollywoodschaukel auf einer Terrasse der Kurklinik gesessen und die Beine baumeln lassen – und, nach all der Anspannung, vielleicht auch die Seele.

Beim Rückflug der Luftwaffen-Boeing vom Kaukasus-Kurort Mineralnyje Wody war die Stimmung gelöst. Der Kanzler hatte sich seiner Krawatte entledigt und kam ins Heck zu den Journalisten, wartete, bis die uniformierten Stewards Sekt ausgeschenkt hatten und sagte dann »Prost auf die deutsche Einheit«. Ein altes Feindbild war beerdigt.

Ein mitfliegender Korrespondent erinnert sich: »*Im Flugzeug des Kanzlers gab es auch nur wenige mit Überblick der Tragweite einer vollkommen veränderten politischen Landschaft. Jeder hatte eine positive Gesprächsbilanz, keiner aber den traumhaften Erfolg erwartet. Es gab keine Siegesorgie, keinen Jubel, aber ein tiefes Durchatmen in der Hoffnung, daß morgen auch noch alles wahr ist.*«

Der Kaukasus ist die Heimat Gorbatschows und Schewardnadses. Hier fand die Schlacht am Kubanbogen statt und wenig weiter hatten die Truppen des Dritten Reiches die Hakenkreuzfahne auf dem Elbrus, dem höchsten Berg des Kaukasus, gehißt. Nun waren zwei große Kaukasier die Motoren für eine neue Freundschaft mit den Deutschen. Das Bulletin der Bundesregierung vom 18. Juli 1990 vermerkt in knappen Worten das Verhandlungsergebnis:

1. Die Einigung Deutschlands umfaßt die Bundesrepublik Deutschland, die DDR und ganz Berlin.

2. Mit der Herstellung der Einheit Deutschlands werden die Viermächte -Rechte und -Verantwortlichkeiten in bezug auf Deutschland als Ganzes und Berlin beendet. Das vereinigte Deutschland erhält zum Zeitpunkt seiner Vereinigung seine volle und uneingeschränkte Souveränität.

3. Das geeinte Deutschland kann in Ausübung seiner vollen und uneingeschränkten Souveränität frei und selbst entscheiden, ob und welchem Bündnis es angehören will. Dies entspricht dem Geist und dem Text der KSZE-Schlußakte.

4. Das geeinte Deutschland schließt mit der Sowjetunion einen zweiseitigen Vertrag zur Abwicklung des Truppenabzugs aus der DDR, der, wie die sowjetische Führung erklärt hat, innerhalb von drei bis vier Jahren beendet sein soll. Ferner soll für diesen Zeitraum ein Überleitungsvertrag über die Auswirkungen der Einführung der D-Mark abgeschlossen werden.

5. Während der Dauer der Anwesenheit sowjetischer Truppen auf dem Territorium der heutigen DDR werden keine Strukturen der NATO auf dieses Gebiet ausgedehnt. Artikel 5 und 6 des NATO-Vertrages finden sofort mit der Vereinigung auf das gesamte Gebiet des vereinten Deutschlands Anwendung.

6. Nicht integrierte Verbände der Bundeswehr, d.h. Verbände der territorialen Verteidigung, können ab sofort nach der Vereinigung Deutschlands auf dem Gebiet der heutigen DDR und in Berlin stationiert werden.

7. Für die Dauer der Anwesenheit sowjetischer Truppen auf dem Gebiet der heutigen DDR sollen nach unseren Vorstellungen die Truppen der drei Westmächte in Berlin verbleiben. Die Bundesregierung wird die drei Westmächte darum ersuchen und ihnen einen entsprechenden Vertrag vorschlagen. Für den Aufenthalt der Streitkräfte muß eine Rechtsgrundlage durch Vertrag zwischen der Regierung des vereinten Deutschlands und den drei Mächten geschaffen werden. Wir gehen davon aus, daß selbstverständlich die Zahl und die Ausrüstung dieser Truppen nicht stärker sein soll als heute.

8. Nach Abzug der sowjetischen Truppen aus dem Gebiet der heutigen DDR und Ostberlin können in diesem Teil Deutschlands auch der NATO angeglie-

derte Truppen stationiert werden, allerdings ohne für Atomwaffen verwendbares Abschußgerät. Ausländische Truppen und Atomwaffen sollen nicht dorthin verlegt werden.

9. Die Bundesregierung erklärt sich bereit, noch in den laufenden Wiener Verhandlungen eine Verpflichtungserklärung abzugeben, die Streitkräfte eines geeinten Deutschlands innerhalb von drei bis vier Jahren auf eine Personalstärke von 370 000 Mann zu reduzieren. Diese Reduzierung soll mit Inkrafttreten des ersten Wiener Abkommens beginnen.

10. Das geeinte Deutschland wird auf Herstellung, Besitz und Verfügung der ABC-Waffen verzichten und Mitglied des Nichtverbreitungsvertrages bleiben.

An diesem Tag stellte Bundeskanzler Helmut Kohl im Bonner Kabinett fest: »*Das geeinte Deutschland entsteht ohne Gewalt und mit Zustimmung aller Nachbarn.*«

Am 3. Oktober 1990 wurde die deutsche Einheit staatsrechtlich vollzogen. Gemäß Artikel 23 des Grundgesetzes trat die DDR der Bundesrepublik Deutschland bei. Der 3. Oktober wurde der »Tag der deutschen Einheit«. Die ersten gesamtdeutschen Wahlen sollten am 2. Dezember abgehalten werden. Am 15. März 1991 schließlich sollte der »Vertrag über die abschließende Regelung in bezug auf Deutschland« (»2+4«-Vertrag) in Kraft treten. Damit war Deutschland souverän. Als am 1. Oktober 1990 die Außenminister in New York ein Dokument unterzeichneten, mit dem die vier Siegermächte ihre Vorrechte und Verantwortlichkeiten für Deutschland außer Kraft setzten, hatten die Deutschen ihre Souveränität nach mehr als 45 Jahren wiedererlangt. Für Hans-Dietrich Genscher, um jedem Höhenflug vorzubeugen, ein Grund, an die Einsichten Arnold Duckwitzes zu erinnern, jenes Bremer Bürgermeisters aus dem 19. Jahrhundert, der in seinen klugen »Denkwürdigkeiten aus meinem öffentlichen Leben« schrieb: »*Ein kleiner Staat wie Bremen darf nie als ein Hindernis des Wohlergehens der Gesamtheit der Nation erscheinen, vielmehr soll er seine Stellung in solcher Weise nehmen, daß seine Selbständigkeit als ein Glück für das Ganze, seine Existenz als eine Notwendigkeit angesehen wird, darin liegt die sicherste Bürgschaft seines Bestehens.*«

»*Was wäre Europa erspart geblieben*«, fragt Genscher, »*wenn es jederzeit die Maxime deutscher Politik gewesen wäre: Ein großes Volk wie das der Deutschen, im Herzen Europas, darf nie als Hindernis des Wohlergehens der Gesamtheit der Völker Europas erscheinen. Vielmehr soll es seine Stellung in Europa in solcher Weise nehmen, daß seine Einheit als ein Stück für das Ganze, seine Existenz als eine Notwendigkeit angesehen werden.*«

Der weltpolitisch so bedeutende Prozeß der deutschen Wiedervereinigung festigte die menschlichen Bande zwischen Genscher und Schewardnadse. Schewardnadse erlebt dies als eine »menschliche Freundschaft« und beschreibt sie heute so: »*Sie müssen berücksichtigen, daß diese Beziehung in einer weltpolitisch sehr komplizierten Situation, wie die Vereinigung Deutschlands es war, entstanden ist. Es war eine ungewöhnliche Beziehung. Um mir die Möglichkeit zu geben, die Vereinigung Deutschlands zu fördern – Genscher wußte, welche Kräfte gegen mich standen –, war Genschers filigrane Diplomatie, filigrane Technik nötig, damit ich nicht unter Beschuß geriet. In den Fällen, in denen ich eine harte Position zu vertreten hatte, wußte Genscher, daß das nicht Schewardnadses Position war, sondern die des Politbüros. Und es gab ihm Zeit, daran zu arbeiten.«* Und Genscher beurteilt rückblickend Schewardnadses Rolle im »2+4«-Prozeß so: *»Es wäre wohl auch gar nicht in dieser Zeit zu regeln gewesen, wenn nicht damals auf der sowjetischen Seite ein Mann wie Schewardnadse gewesen wäre, mit sehr viel Einfühlungsvermögen, gutem Willen und mit der Einsicht, in die historische Notwendigkeit der deutschen Vereinigung. Was uns alle sehr beeindruckt hat, war der ganz aufrichtige Wille des Mannes auf der anderen Seite mit uns zu einem Ergebnis zu kommen und nicht den Repräsentanten einer Macht herauszukehren, die als Ergebnis des 2. Weltkrieges eine wichtige Position in Deutschland hatte.«* Auf eine noch kürzere Formel bringt Genscher Schewardnadses politische Leistung in seiner Rede im Goethetheater in Bad Lauchstädt, wo er am 9. Oktober 1991 sagt: *»Hier in meiner Heimat konnte vor zwei Jahren eine friedliche Freiheitsrevolution siegen, weil zwei Männer, Michail Gorbatschow und Eduard Schewardnadse, die Panzer nicht auffahren ließen.«*

# VERTRAG ÜBER DIE ABSCHLIESSENDE REGELUNG IN BEZUG AUF DEUTSCHLAND

Die Bundesrepublik Deutschland, die Deutsche Demokratische Republik, die Französische Republik, die Union der Sozialistischen Sowjetrepubliken, das Vereinigte Königreich Großbritannien und Nordirland und die Vereinigten Staaten von Amerika -

IN DEM BEWUSSTSEIN, daß ihre Völker seit 1945 miteinander in Frieden leben,

EINGEDENK der jüngsten historischen Veränderungen in Europa, die es ermöglichen, die Spaltung des Kontinents zu überwinden,

UNTER BERÜCKSICHTIGUNG der Rechte und Verantwortlichkeiten der Vier Mächte in bezug auf Berlin und Deutschland als Ganzes und der entsprechenden Vereinbarungen und Beschlüsse der Vier Mächte aus der Kriegs- und Nachkriegszeit,

ENTSCHLOSSEN, in Übereinstimmung mit ihren Verpflichtungen aus der Charta der Vereinten Nationen freundschaftliche, auf der Achtung vor dem Grundsatz der Gleichberechtigung und Selbstbestimmung der Völker beruhende Beziehungen zwischen den Nationen zu entwickeln und andere geeignete Maßnahmen zur Festigung des Weltfriedens zu treffen,

EINGEDENK der Prinzipien der in Helsinki unterzeichneten Schlußakte der Konferenz über Sicherheit und Zusammenarbeit in Europa,

IN ANERKENNUNG, daß diese Prinzipien feste Grundlagen für den Aufbau einer gerechten und dauerhaften Friedensordnung in Europa geschaffen haben,

ENTSCHLOSSEN, die Sicherheitsinteressen eines jeden zu berücksichtigen,

ÜBERZEUGT von der Notwendigkeit, Gegensätze endgültig zu überwinden und die Zusammenarbeit in Europa fortzuentwickeln,

IN BEKRÄFTIGUNG ihrer Bereitschaft, die Sicherheit zu stärken, insbesondere durch wirksame Maßnahmen zur Rüstungskontrolle, Abrüstung und Vertrauensbildung; ihrer Bereitschaft, sich gegenseitig nicht als Gegner zu betrachten, sondern auf ein Verhältnis des Vertrauens und der Zusammenarbeit hinzuarbeiten, sowie dementsprechend ihrer Bereitschaft, die Schaffung geeigneter institutioneller Vorkehrungen im Rahmen der Konferenz über Sicherheit und Zusammenarbeit in Europa positiv in Betracht zu ziehen,

IN WÜRDIGUNG DESSEN, daß das deutsche Volk in freier Ausübung des Selbstbestimmungsrechts seinen Willen bekundet hat, die staatliche Einheit Deutschlands herzustellen, um als gleichberechtigtes und souveränes Glied in einem vereinten Europa dem Frieden der Welt zu dienen,

IN DER ÜBERZEUGUNG, daß die Vereinigung Deutschlands als Staat mit endgültigen Grenzen ein bedeutsamer Beitrag zu Frieden und Stabilität in Europa ist,

MIT DEM ZIEL, die abschließende Regelung in bezug auf Deutschland zu vereinbaren,

IN ANERKENNUNG DESSEN, daß dadurch und mit der Vereinigung Deutschlands als einem demokratischen und friedlichen Staat die Rechte und Verantwortlichkeiten der Vier Mächte in bezug auf Berlin und Deutschland als Ganzes ihre Bedeutung verlieren,

VERTRETEN durch ihre Außenminister, die entsprechend der Erklärung von Ottawa vom 13. Februar 1990 am 5. Mai 1990 in Bonn, am 22. Juni 1990 in Berlin, am 17. Juli 1990 in Paris unter Beteiligung des Außenministers der Republik Polen und am 12. September 1990 in Moskau zusammengetroffen sind -

sind wie folgt übereingekommen:

## ARTIKEL 1

(1) Das vereinte Deutschland wird die Gebiete der Bundesrepublik Deutschland, der Deutschen Demokratischen Republik und ganz Berlins umfassen. Seine Außengrenzen werden die Grenzen der Bundesrepublik Deutschland und der Deutschen Demokratischen Republik sein und werden am Tage des Inkrafttretens dieses Vertrags endgültig sein. Die Bestätigung des endgültigen Charakters der Grenzen des vereinten Deutschland ist ein wesentlicher Bestandteil der Friedensordnung in Europa.

(2) Das vereinte Deutschland und die Republik Polen bestätigen die zwischen ihnen bestehende Grenze in einem völkerrechtlich verbindlichen Vertrag.

(3) Das vereinte Deutschland hat keinerlei Gebietsansprüche gegen andere Staaten und wird solche auch nicht in Zukunft erheben.

(4) Die Regierungen der Bundesrepublik Deutschland und der Deutschen Demokratischen Republik werden sicherstellen, daß die Verfassung des vereinten Deutschland keinerlei Bestimmungen enthalten wird, die mit diesen Prinzipien unvereinbar sind. Dies gilt dementsprechend für die Bestimmungen, die in der Präambel und in den Artikeln 23 Satz 2 und 146 des Grundgesetzes für die Bundesrepublik Deutschland niedergelegt sind.

(5) Die Regierungen der Französischen Republik, der Union der Sozialistischen Sowjetrepubliken, des Vereinigten Königreichs Großbritannien und Nordirland und der Vereinigten Staaten von Amerika nehmen die entsprechenden Verpflichtungen und Erklärungen der Regierungen der Bundesrepublik Deutschland und der Deutschen Demokratischen Republik förmlich entgegen und erklären, daß mit deren Verwirklichung der endgültige Charakter der Grenzen des vereinten Deutschland bestätigt wird.

## ARTIKEL 2

Die Regierungen der Bundesrepublik Deutschland und der Deutschen Demokratischen Republik bekräftigen ihre Erklärungen, daß von deutschem Boden nur Frieden ausgehen wird. Nach der Verfassung des vereinten Deutschland sind Handlungen, die geeignet sind und in der Absicht vorgenommen werden, das friedliche Zusammenleben der Völker zu stören, insbesondere die Führung eines Angriffskrieges vorzubereiten, verfassungswidrig und strafbar. Die Regierungen der Bundesrepublik Deutschland und der Deutschen Demokratischen Republik erklären, daß das vereinte Deutschland keine seiner Waffen jemals einsetzen wird, es sei denn in Übereinstimmung mit seiner Verfassung und der Charta der Vereinten Nationen.

## ARTIKEL 3

(1) Die Regierungen der Bundesrepublik Deutschland und der Deutschen Demokratischen Republik bekräftigen ihren Verzicht auf Herstellung und Besitz von und auf Verfügungsgewalt über atomare, biologische und chemische Waffen. Sie erklären, daß auch das vereinte Deutschland sich an diese Verpflichtungen halten wird. Insbesondere gelten die Rechte und Verpflichtungen aus dem Vertrag über die Nichtverbreitung von Kernwaffen vom 1. Juli 1968 für das vereinte Deutschland fort.

(2) Die Regierung der Bundesrepublik Deutschland hat in vollem Einvernehmen mit der Regierung der Deutschen Demokratischen Republik am 30. August 1990 in Wien bei den Verhandlungen über konventionelle Streitkräfte in Europa folgende Erklärung abgegeben:

> "Die Regierung der Bundesrepublik Deutschland verpflichtet sich, die Streitkräfte des vereinten Deutschland innerhalb von drei bis vier Jahren auf eine Personalstärke von 370.000 Mann (Land-, Luft- und Seestreitkräfte) zu reduzieren. Diese Reduzierung soll mit dem Inkrafttreten des ersten KSE-Vertrags beginnen. Im Rahmen dieser Gesamtobergrenze werden nicht mehr als 345.000 Mann den Land- und Luftstreitkräften angehören, die gemäß vereinbartem Mandat allein Gegenstand der Verhandlungen über konventionelle Streitkräfte in Europa sind. Die Bundesregierung sieht in ihrer Verpflichtung zur Reduzierung von Land- und Luftstreitkräften einen bedeutsamen deutschen Beitrag zur Reduzierung der konventionellen Streitkräfte in Europa. Sie geht davon aus, daß in Folgeverhandlungen auch die anderen Verhandlungsteilnehmer ihren Beitrag zur Festigung von Sicherheit und Stabilität in Europa, einschließlich Maßnahmen zur Begrenzung der Personalstärken, leisten werden."

Die Regierung der Deutschen Demokratischen Republik hat sich dieser Erklärung ausdrücklich angeschlossen.

(3) Die Regierungen der Französischen Republik, der Union der Sozialistischen Sowjetrepubliken, des Vereinigten Königreichs Großbritannien und Nordirland und der Vereinigten Staaten von Amerika nehmen diese Erklärungen der Regierungen der Bundesrepublik Deutschland und der Deutschen Demokratischen Republik zur Kenntnis.

ARTIKEL 4

(1) Die Regierungen der Bundesrepublik Deutschland, der Deutschen Demokratischen Republik und der Union der Sozialistischen Sowjetrepubliken erklären, daß das vereinte Deutschland und die Union der Sozialistischen Sowjetrepubliken in vertraglicher Form die Bedingungen und die Dauer des Aufenthalts der sowjetischen Streitkräfte auf dem Gebiet der heutigen Deutschen Demokratischen Republik und Berlins sowie die Abwicklung des Abzugs dieser Streitkräfte regeln werden, der bis zum Ende des Jahres 1994 im Zusammenhang mit der Verwirklichung der Verpflichtungen der Regierungen der Bundesrepublik Deutschland und der Deutschen Demokratischen Republik, auf die sich Absatz 2 des Artikels 3 dieses Vertrags bezieht, vollzogen sein wird.

(2) Die Regierungen der Französischen Republik, des Vereinigten Königreichs Großbritannien und Nordirland und der Vereinigten Staaten von Amerika nehmen diese Erklärung zur Kenntnis.

ARTIKEL 5

(1) Bis zum Abschluß des Abzugs der sowjetischen Streitkräfte vom Gebiet der heutigen Deutschen Demokratischen Republik und Berlins in Übereinstimmung mit Artikel 4 dieses Vertrags werden auf diesem Gebiet als Streitkräfte des vereinten Deutschland ausschließlich deutsche Verbände der Territorialverteidigung stationiert sein, die nicht in die Bündnisstrukturen integriert sind, denen deutsche Streitkräfte auf dem übrigen deutschen Hoheitsgebiet zugeordnet sind. Unbeschadet der Regelung in Absatz 2 dieses Artikels werden während dieses Zeitraums Streitkräfte anderer Staaten auf diesem Gebiet nicht stationiert oder irgendwelche andere militärische Tätigkeiten dort ausüben.

(2) Für die Dauer des Aufenthalts sowjetischer Streitkräfte auf dem Gebiet der heutigen Deutschen Demokratischen Republik und Berlins werden auf deutschen Wunsch Streitkräfte der Französischen Republik, des Vereinigten Königreichs Großbritannien und Nordirland und der Vereinigten Staaten von Amerika auf der Grundlage entsprechender vertraglicher Vereinbarung zwischen der Regierung des vereinten Deutschland und den Regierungen der betreffenden Staaten in Berlin stationiert bleiben. Die Zahl aller nichtdeutschen in Berlin stationierten Streitkräfte und deren Ausrüstungsumfang werden nicht stärker sein als zum Zeitpunkt der Unterzeichnung dieses Vertrags. Neue Waffenkategorien werden von nichtdeutschen Streitkräften dort nicht eingeführt. Die Regierung des vereinten Deutschland wird mit den Regierungen der Staaten, die Streitkräfte in Berlin stationiert haben, Verträge zu gerechten Bedingungen unter Berücksichtigung der zu den betreffenden Staaten bestehenden Beziehungen abschließen.

(3) Nach dem Abschluß des Abzugs der sowjetischen Streitkräfte vom Gebiet der heutigen Deutschen Demokratischen Republik und Berlins können in diesem Teil Deutschlands auch deutsche Streitkräfteverbände stationiert werden, die in gleicher Weise militärischen Bündnisstrukturen zugeordnet sind wie diejenigen auf dem übrigen deutschen Hoheitsgebiet, allerdings ohne Kernwaffenträger. Darunter fallen nicht konventionelle Waffensysteme, die neben konventioneller andere Einsatzfähigkeiten haben können, die jedoch in diesem Teil Deutschlands für eine konventionelle Rolle ausgerüstet und nur dafür vorgesehen sind. Ausländische Streitkräfte und Atomwaffen oder deren Träger werden in diesem Teil Deutschlands weder stationiert noch dorthin verlegt.

## ARTIKEL 6

Das Recht des vereinten Deutschland, Bündnissen mit allen sich daraus ergebenden Rechten und Pflichten anzugehören, wird von diesem Vertrag nicht berührt.

## ARTIKEL 7

(1) Die Französische Republik, die Union der Sozialistischen Sowjetrepubliken, das Vereinigte Königreich Großbritannien und Nordirland und die Vereinigten Staaten von Amerika beenden hiermit ihre Rechte und Verantwortlichkeiten in bezug auf Berlin und Deutschland als Ganzes. Als Ergebnis werden die entspre-

chenden, damit zusammenhängenden vierseitigen Vereinbarungen, Beschlüsse und Praktiken beendet und alle entsprechenden Einrichtungen der Vier Mächte aufgelöst.

(2) Das vereinte Deutschland hat demgemäß volle Souveränität über seine inneren und äußeren Angelegenheiten.

ARTIKEL 8

(1) Dieser Vertrag bedarf der Ratifikation oder Annahme, die so bald wie möglich herbeigeführt werden soll. Die Ratifikation erfolgt auf deutscher Seite durch das vereinte Deutschland. Dieser Vertrag gilt daher für das vereinte Deutschland.

(2) Die Ratifikations- oder Annahmeurkunden werden bei der Regierung des vereinten Deutschland hinterlegt. Diese unterrichtet die Regierungen der anderen Vertragschließenden Seiten von der Hinterlegung jeder Ratifikations- oder Annahmeurkunde.

ARTIKEL 9

Dieser Vertrag tritt für das vereinte Deutschland, die Union der Sozialistischen Sowjetrepubliken, die Französische Republik, das Vereinigte Königreich Großbritannien und Nordirland und die Vereinigten Staaten von Amerika am Tag der Hinterlegung der letzten Ratifikations- oder Annahmeurkunde durch diese Staaten in Kraft.

ARTIKEL 10

Die Urschrift dieses Vertrags, dessen deutscher, englischer, französischer und russischer Wortlaut gleichermaßen verbindlich ist, wird bei der Regierung der Bundesrepublik Deutschland hinterlegt, die den Regierungen der anderen Vertragschließenden Seiten beglaubigte Ausfertigungen übermittelt.

ZU URKUND DESSEN haben die unterzeichneten, hierzu gehörig Bevollmächtigten diesen Vertrag unterschrieben.

GESCHEHEN zu Moskau am 12. September 1990

IN WITNESS WHEREOF, the undersigned plenipotentiaries, duly authorized thereto, have signed this Treaty.

DONE at Moscow this twelfth day of September 1990.

EN FOI DE QUOI, les plénipotentiaires soussignés, dûment habilités à cet effet, ont signé le présent Traité.

FAIT à Moscou, le 12 septembre 1990

В УДОСТОВЕРЕНИЕ ЧЕГО нижеподписавшиеся, должным образом уполномоченные, подписали настоящий Договор.

СОВЕРШЕНО в Москве, 12 сентября 1990 г.

Für die Bundesrepublik Deutschland
For the Federal Republic of Germany
Pour la République fédérale d'Allemagne
За Федеративную Республику Германию

Für die Deutsche Demokratische Republik
For the German Democratic Republic
Pour la République démocratique allemande
За Германскую Демократическую Республику

Für die Französischen Republik
For the French Republic
Pour la République francaise
За Французскую Республику

*[signature: Roland Dumas]*

Für die Union der Sozialistischen Sowjetrepubliken
For the Union of Soviet Socialist Republics
Pour l'Union des Républiques socialistes soviètiques
За Союз Советских Социалистических Республик

*[signature]*

Für das Vereinigte Königreich Großbritannien und Nordirland
For the United Kingdom of Great Britain and Northern Ireland
Pour le Royaume-Uni de Grande-Bretagne et d'Irlande du Nord
За Соединенное Королевство Великобритании и
Северной Ирландии

*[signature: Douglas Hurd]*

Für die Vereinigten Staaten von Amerika
For the United States of America
Pour les Etats-Unis d'Amérique
За Соединенные Штаты Америки

*[signature: James A. Baker III]*

VEREINBARTE PROTOKOLLNOTIZ
ZU DEM
VERTRAG ÜBER DIE ABSCHLIESSENDE REGELUNG IN BEZUG AUF
DEUTSCHLAND
VOM 12. SEPTEMBER 1990

Alle Fragen in Bezug auf die Anwendung des Wortes "verlegt", wie es im letzten Satz von Artikel 5 Abs. 3 gebraucht wird, werden von der Regierung des vereinten Deutschland in einer vernünftigen und verantwortungsbewußten Weise entschieden, wobei sie die Sicherheitsinteressen jeder Vertragspartei, wie dies in der Präambel niedergelegt ist, berücksichtigen wird.

Für die Bundesrepublik Deutschland
For the Federal Republic of Germany
Pour la République fédérale d'Allemagne
За Федеративную Республику Германию

*[signature]*

Für die Deutsche Demokratische Republik
For the German Democratic Republic
Pour la République démocratique allemande
За Германскую Демократическую Республику

*[signature]*

Für die Französischen Republik
For the French Republic
Pour la République française
За Французскую Республику

*[signature]*

Für die Union der Sozialistischen Sowjetrepubliken
For the Union of Soviet Socialist Republics
Pour l'Union des Républiques socialistes soviètiques
За Союз Советских Социалистических Республик

*[signature]*

Für das Vereinigte Königreich Großbritannien und Nordirland
For the United Kingdom of Great Britain and Northern Ireland
Pour le Royaume-Uni de Grande-Bretagne et d'Irlande du Nord
За Соединенное Королевство Великобритании и Северной Ирландии

*[signature]*

Für die Vereinigten Staaten von Amerika
For the United States of America
Pour les Etats-Unis d'Amérique
За Соединенные Штаты Америки

*James A. Baker III*

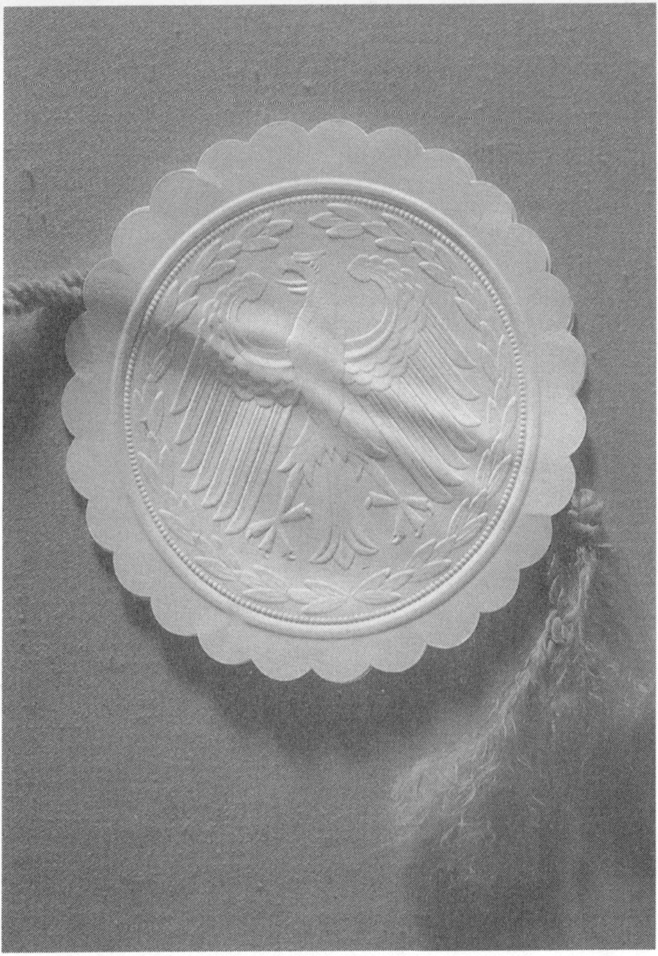

Nachdem der in Moskau am 12. September 1990 von der
Bundesrepublik Deutschland

unterzeichnete

Vertrag über die abschließende Regelung
in bezug auf Deutschland sowie die vereinbarte
Protokollnotiz zu diesem Vertrag,

deren Wortlaut beigefügt ist, in gehöriger Gesetzesform die
verfassungsmäßige Zustimmung gefunden haben, erkläre ich
hiermit, daß ich den Vertrag und die Protokollnotiz bestätige.


Bonn, den 13. OKTOBER 1990


Der Bundespräsident

Der Bundesminister des Auswärtigen

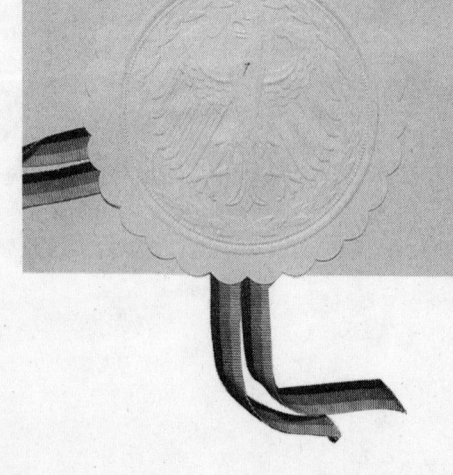

**Ansprachen des sowjetischen Botschafters
Wladislaw P. Terechow und des Bundesministers des
Auswärtigen am 15. März 1991**

Herr Bundesminister, ich überreiche Ihnen die Ratifizierungsurkunde zum Vertrag über die abschließende Regelung in bezug auf Deutschland. Damit wären die Bedingungen des Artikels 9 des Vertrages erfüllt. Der Vertrag tritt in Kraft für das vereinte Deutschland und für die anderen Unterzeichnerstaaten. Unter die sogenannte Nachkriegszeit wird ein endgültiger Schlußstrich gezogen. Eine neue Etappe in der friedlichen Entwicklung in Europa beginnt.

Die Vier-Mächte-Rechte und -Verantwortlichkeiten in bezug auf Berlin und Deutschland als Ganzes verlieren endgültig ihre Kraft. Das vereinte Deutschland erlangt die volle Souveränität. Das deutsche Volk bekommt die vollständige Möglichkeit, als gleichberechtigtes, souveränes Mitglied der Völkergemeinschaft dem Frieden zu dienen. Zu diesem Ereignis gratulieren wir herzlich Ihnen, Herr Bundesminister, und allen Ihren Mitbürgern.

Einen Anlaß zur Genugtuung haben auch wir, denn die Vereinigung Deutschlands als Staat mit endgültigen Grenzen, die jetzt im Vertrag über die abschließende Regelung in bezug auf Deutschland festgelegt wurde, soll zu einem bedeutsamen Beitrag zu Frieden und Stabilität in Europa werden.

Das ist ein Gewinn für alle. Heute ist ein bedeutender Tag in der europäischen Geschichte. An diesem Tag darf man diese Genugtuung zum Ausdruck bringen, weil die Teilnehmer des schrecklichsten aller Kriege die Kraft geschöpft haben, gemeinsam die sie trennende Vergangenheit zu überwinden und die Pforte zu einer besseren Zukunft aufzumachen.

Mit Dank muß man sich an all diejenigen erinnern, die auf der sowjetischen und auch auf der deutschen Seite ihren Beitrag zur Überwindung der Spaltung Europas geleistet und durch ihre konstruktive Zusammenarbeit das Entstehen des Vertrages der Sechs gefördert haben.

Selbstverständlich sollen wir auch gutheißen den Beitrag anderer Verhandlungsteilnehmer.

Herr Bundesminister, an den Vertrag der Sechs schließt eine Reihe von bilateralen Vereinbarungen zwischen der UdSSR und der Bundesrepublik Deutschland an. Ein Teil davon ist bereits ratifiziert, der andere wird bald in der UdSSR und in der Bundesrepublik Deutschland ratifiziert werden. Mit dem Inkrafttreten wird die rechtliche Grundlage der sowjetisch-deutschen Beziehungen noch fester. Die Beziehungen selbst werden gekennzeichnet von dem Geist der guten Nachbarschaft, der Partnerschaft und der Zusammenarbeit im Interesse der Völker beider Staaten. Es wird wichtig, alles Notwendige zu tun, damit das positive Potential dieser Verträge durch gemeinsame Anstrengungen in vollem Maße realisiert werden, kann. Ich bin der Überzeugung, daß wir in diesem Sinne handeln werden und überreiche Ihnen, Herr Bundesminister, dieses Dokument.

и заявляет, что все изложенное будет неукоснительно и добросовестно выполняться.

В удостоверение чего Президент Союза Советских Социалистических Республик подписал настоящую Ратификационную Грамоту и скрепил ее своей печатью.

*Президент
Союза Советских Социалистических
Республик*

Москва, Кремль
12. марта 1991 г.

Скрепил
Министр Иностранных Дел СССР

AYANT vu et examiné l, dit TRAITÉ, NOUS L' avons approuvé et approuvons en toutes et chacune de SES parties, en vertu des dispositions qui y sont contenues et conformément à l'article 52 de la Constitution.

DÉCLARONS qu'IL EST accepté, ratifié et confirmé et PROMETTONS qu'IL SERA inviolablement observé.

EN FOI DE QUOI, Nous avons donné les présentes, revêtues du Sceau de la République.

À Paris, le 14 janvier 1991

F. Mitterrand

le Président de la République,

Le Ministre D'ÉTAT
MINISTRE DES AFFAIRES ÉTRANGÈRES

*Die erste Begegnung: Genscher und Schewardnadse am 8.7.1985 in Helsinki bei den Feierlichkeiten zum 10. Jahrestag der Unterzeichnung der KSZE-Schlußakte.*

*Zum ersten Mal besucht der neue sowjetische Außenminister Schewardnadse die Bundesrepublik. Begrüßung durch Hans-Dietrich Genscher am 18. Januar 1988 im Auswärtigen Amt in Bonn.*

12.-15. Juni 1989: Michail Gorbatschow besucht die Bundesrepublik Deutschland. Erste Reihe v.l.n.r.: E. Schewardnadse, M. Gorbatschow, H. Kohl, H.-D. Genscher, J. Möllemann.

*Zwei, die sich gut verstehen ...*

*Hans-Dietrich Genscher und Helmut Kohl am 10./11. Februar 1990 in Moskau. Im Verlauf der Besprechungen wird der Weg zur deutschen Einheit frei.*

*Der „2+4"-Prozeß ist in Gang gesetzt. Am 5. Mai 1990 treffen sich die Aussenminister der vier Siegermächte des Zweiten Weltkriegs, der Bundesrepublik Deutschland und der DDR zur ersten Gesprächsrunde in Bonn.*

*Die Teilnehmer des „2+4"-Treffens in Bonn. V.l.n.r.: James A. Baker (USA), Eduard Schewardnadse, Hans-Dietrich Genscher, Roland Dumas (Frankreich), Markus Meckel (DDR), Douglas Hurd (Großbritannien).*

*Ein Symbol der deutschen Teilung wird feierlich von seinem Platz entfernt: Seit dem 22. Juni 1990 gehört „Checkpoint Charlie" der Vergangenheit an. Die sechs Außenminister des „2+4"-Prozesses: Markus Meckel, Douglas Hurd, James A. Baker, Roland Dumas, Hans-Dietrich Genscher und Eduard Schewardnadse, rechts daneben der Ostberliner Oberbürgermeister Tino Schwierzina.*

*Das Treffen in Brest am 11. Juni 1990 wird für Genscher und Schewardnadse zum symbolträchtigen Erlebnis. An dem historischen Ort besprechen sie Fragen zur Bündniszugehörigkeit eines vereinten Deutschland. Kranzniederlegung am Ehrenmal für die Opfer des Zweiten Weltkriegs ...*

*... und die beiden Politiker beim „Bad in der Menge".*

*Die beiden Freunde bei einem Privatbesuch in Genschers Heimatstadt Halle am 10. November 1990, hier in Genschers ehemaliger Schule.*

*Am 13. April 1992 besucht Genscher als erster ausländischer Politiker Tiflis, die Hauptstadt des nun unabhängigen Georgien, und bestätigt damit erneut die enge Verbundenheit von BRD und Georgien. Im Bild (v.l.n.r.): Der Künstler Surab Zereteli, Dolmetscher, Hans-Dietrich Genscher, Nanula Schewardnadse, Barbara Genscher.*

*Die Entwicklung der politischen Beziehungen war von Anfang an begleitet von persönlichem Interesse.*
*E. Schewardnadse, sein Dolmetscher, Barbara Genscher, H.-D. Genscher 1988 in Genschers Privathaus in Pech.*

*Eduard Schewardnadse im Kreise seiner Familie: Sohn Partha mit seiner Frau, Tochter Manama mit ihrer Tochter. Neben Schewardnadse seine Frau Nanula und die beiden kleinsten Enkelkinder.*

*Genscher und Schewardnadse mit ihren Bodyguards bei einem Spaziergang vom Brandenburger Tor zum Reichstag. Sie hatten sich in Berlin anläßlich der Verleihung des Immanuel-Kant-Preises an Schewardnadse am 26. Juni 1993 getroffen.*

*Filmaufnahmen am 23. Juni 1993 im Weltsaal des Auswärtigen Amtes in Bonn. Drei Jahre nach der ersten „2+4"-Außenministertagung wird am runden Tisch die Vergangenheit lebendig.*

8.

# Besuch in Bonn – Erinnerungen um Mitternacht

Vom 23. bis 26. Juni 1993 besuchten das Staatsoberhaupt und der Vorsitzende des Parlamentes der Republik Georgien, Herr Eduard A. Schewardnadse, und seine Frau Nanuli die Bundesrepublik Deutschland. Nachdem um 19.30 Uhr das georgische Flugzeug auf dem militärischen Teil des Köln/Bonner Flughafens gelandet war, wurde Schewardnadse dort vom Botschafter der Bundesrepublik Deutschland in Georgien, Günther Dahlhoff, begrüßt. Zunächst ging es zum Gästehaus der Bundesregierung auf dem Petersberg in Königswinter, anschließend war das Ehepaar Schewardnadse, wie schon so oft vorher, zum privaten Abendessen bei den Genschers eingeladen.

Die Begrüßung vor dem Haus Am Kottenforst 16 in Wachtberg-Pech war warm und herzlich, wie unter lang vertrauten Freunden. Genscher bat seine Gäste hinauf in den ersten Stock, wo er das Zimmer seiner verstorbenen Mutter Hilda zu einem großen, geräumigen Arbeitszimmer mit einem hohen Giebel ausgebaut hatte. Hier arbeitete er – mit Blick auf die angrenzenden Felder – beinahe täglich an seinen Memoiren. Voller Stolz zeigte Genscher sein neues Arbeitszimmer, und als Frau Nanuli, die aufgrund ihrer Gehbehinderung nur mühsam Treppen steigen kann, eintrat, setzten sie sich in trauter Runde zusammen und begannen sogleich über die Vielzahl von Begegnungen zu sprechen, die sie miteinander verbanden.

Genscher erinnerte vor allem an den Besuch in Halle, wo er mit Eduard Schewardnadse zusammen auf seiner alten Schulbank gesessen hatte, damals, als das Verhältnis des Georgiers zur Sowjetunion noch in Ordnung war.

Auch Manana Schewardnadse, die Tochter, war in Bonn. Unabhängig von ihren Eltern war sie eingetroffen, weil sie als Direktorin der kleinen georgischen Filmgesellschaft »Anima« einen Film vorbereitete, der den Weg der beiden Freunde bei der Umgestaltung Europas aufzeichnen sollte.

Das Auswärtige Amt hatte sich etwas Besonderes für die Schlüsselszene dieses Films ausgedacht, die an dem Tisch gedreht werden sollte, der für die deutsche Einheit so entscheidend gewesen war: der Original- »2+4«-Verhandlungstisch, den Eduard Schewardnadse einmal als einen runden Tisch mit scharfen Kanten bezeichnet hatte. Es war fast Mitternacht, als Genscher und Schewardnadse die Stufen zum ersten Stock des Auswärtigen Amtes hinaufgingen, um dann in das von Scheinwerfern gleißende Licht des Weltsaales einzutreten, in dessen Mitte der riesige, sieben Meter im Durchmesser messende Tisch stand - fast auf den Tag drei Jahre später, nachdem hier zum ersten Mal die Außenminister der »2+4«-Runde aus den USA, Frankreich, Großbritannien, der Sowjetunion und den beiden deutschen Staaten Platz genommen hatten. Es herrschte eine beinahe beklemmende Stimmung, nur wenige waren anwesend, als hier die Schicksalsstunde der deutschen Einheit heraufbeschworen werden sollte.

Die Filmkameras der Filmproduktionsfirma Studio Hamburg rollten über das knarrende Nachkriegsparkett, und Regisseur Peter Otto betrachtete die Szene mit kritischen Augen. Der riesige grüne Tisch mit dem gleichen weiß-gelben Blumenarrangement wie 1990 schien die beiden Politiker zu verschlucken, als sie sich gegenübersaßen, während noch die Mikrophone an den Revers befestigt wurden. Seitlich von ihnen saß Manana Schewardnadse, um Fragen zu stellen, wie es denn damals gewesen war. »*Die Helden wärmten sich im Glanz ihrer Siege*«, so beschrieb Hans-Jürgen Höfer von der deutschen Presseagentur diese Geisterstunde. Und so verlief ein denkwürdiges Gespräch über eine denkwürdige weltpolitische Situation:

Genscher: *Wir haben uns während dieser Verhandlungen oft angesehen, und ich war eigentlich ganz sicher, daß das Vertrauen, das zwischen uns schon entstanden war, zu diesem Zeitpunkt, es ermöglichen würde, diese schwierigen Fragen zu lösen. Diese Ecken und Kanten, die es damals an diesem runden Tisch noch zu überwinden gab. Aber es wäre nicht möglich gewesen, wenn er nicht mit einem ganz neuen Denken an alle die Fragen herangegangen wäre.*

Schewardardnadse: *Mich verbinden mit diesem Tisch viele Erinnerungen. Ich stimme Hans-Dietrich zu, daß das Treffen an diesem Tisch nicht möglich gewesen wäre, wenn wir angefangen von 1985, als wir uns kennenlernten, nicht die Schaffung einer Atmosphäre des Vertrauens begonnen hätten. Ich erinnere mich sehr gut an unser erstes Treffen in Helsinki, als ich unerfahrener Mensch in das Kollektiv dieser großen Seeleute Eingang fand; darun-*

*ter war natürlich Hans-Dietrich Genscher einer der Kapitäne. Und im Verlaufe aller dieser Jahre haben wir dieses Gebäude gebaut, das »Gegenseitiges Vertrauen«, »Atmosphäre des gegenseitigen Vertrauens« heißt. Ich glaube, eben das hat es uns erleichtert, solche sehr komplizierten Probleme zu lösen wie es die Vereinigung Deutschlands war. Ich erinnere mich sehr gut an ein Gespräch an diesem Tisch: das war kein einfaches Gespräch.*

Frage Manana Schewardnadse:
   (Fangen wir nochmals an.)
   Wir sitzen jetzt am Runden Tisch. Ich denke, dieser Tisch ist für Sie beide sehr bekannt und löst viele Erinnerungen aus. Genau von ihm hat mein Vater in seinem Buch geschrieben, daß dieser Tisch, obwohl er rund war, aber auch scharfe Ecken besessen hätte. Und für das Abhobeln der Ecken haben er und seine Freunde eine lange Periode ihrer Tätigkeiten gebraucht. Nach so langer Pause haben Sie sich wieder an diesen Tisch gesetzt. Diesmal ist er ohne Ecken, und man kann ihn als Symbol der Einheit und Gesamtheit wahrnehmen. Was empfinden Sie in dieser Minute? Woran erinnern Sie sich?

Genscher: *Ich kann nur sagen, daß ich damals tief aufgewühlt war, als ich die Außenminister der beteiligten Staaten hier empfangen habe, und da saßen wir uns am Tisch gegenüber. Eduard auf demselben Platz wie ich heute und ich an dieser Stelle. Wir konnten uns ansehen. Ich konnte ihm in die Augen sehen. Er mir. Da war sehr viel Verständnis, vor allen Dingen Vertrauen, das gewachsen war. Und ohne dieses Vertrauen hätten wir die Ecken und Kanten nicht beseitigen können, die an diesem Tisch vorhanden waren.*

Schewardnadse: *Ich erinnere mich sehr gut, und mit diesem Tisch sind sehr viele Erinnerungen verknüpft. Erinnerungen sehr wichtiger Ereignisse und in erster Linie solche der Vereinigung Deutschlands. Hans-Dietrich hat recht, wenn er sagt, daß die wichtigste Bedingung dafür, daß wir uns alle an diesen Tisch setzen konnten, die Atmosphäre des Vertrauens war, die im Verlaufe von Jahren geschaffen, gebaut wurde.*

*Ich erinnere mich an unsere erste Begegnung in Helsinki. Hans-Dietrich war damals ein in der ganzen Welt bekannter Politiker und Diplomat, und ich war ein neuer, unerfahrener Mann. Und ich spürte damals, daß ich einen Menschen getroffen habe, dem man vertrauen kann. Ich denke, von da an begann unsere fruchtbare Zusammenarbeit und echte Freundschaft. Damals durfte man nicht von Freundschaft sprechen, Hans-Dietrich vertrat den Westen und ich den Osten. Der Gegensatz schien unüberwindbar zu sein. Aber gerade darüber will ich sprechen, so begann unsere Freundschaft.*

*Diese Freundschaft, dieser Beistand, daß ich ihn als den großen Politiker und Deutschen verstand, hat mir geholfen, wo es möglich war, mich auf eine richtige Position zu stellen. Er hat mich verstanden, meine Schmerzen. Manchmal, wenn ich eingeschränkt war und meine Position hart blieb, dann wußte er, warum das so war. Und manchmal, wenn wir auseinandergegangen sind, habe ich seine scharfen Auftritte auf der Pressekonferenz erwartet. Aber er sagte, daß »alles in Ordnung sei, ich vertraue Schewardnadse«. Das, diese Beziehung hat uns an diesen runden Tisch geführt. Ich erinnere mich sehr gut an dieses Treffen. Ich wiederhole, es war kein leichtes, aber ein sehr wichtiges und großes.*

Frage Manana Schewardnadse:

Mein Vater hat sich an den Juli 1985 erinnert, an sein erstes Treffen mit Herrn Hans-Dietrich Genscher. Vielleicht erinnern Sie sich auch, Herr Genscher, an Ihren ersten Eindruck. Was erwarteten Sie vom neuen Minister der Sowjetunion?

Genscher: *Ganz offen gesagt waren wir alle sehr gespannt, was das nun für ein Mann sein wird, der auf Gromyko folgte, mit dem wir so lange zu tun hatten. Und dann kam jemand, der mich sehr freundlich begrüßte und sagte: »Sie werden ja nicht erwarten, daß ich Ihnen jetzt eine große außenpolitische Darlegung mache, sondern ich möchte lieber zuhören, und Ihre Auffassung erfahren.« Und ich fand das sehr sympathisch, daß er nicht den Eindruck erweckte, er komme mit dem Konzept, wie man alle Probleme der Welt löst, sondern er kam, um zuzuhören. Das hatten wir in dieser Form nicht so oft erlebt. Ich habe später dann mit einigen meiner westlichen Kollegen gesprochen, und wir waren eigentlich alle sehr positiv berührt. Für mich selbst war das wirklich der Beginn eines persönlichen Vertrauensverhältnisses, aus dem sich eine Freundschaft ergeben hat, die es dann auch ermöglichte, komplizierte Situationen zu bestehen. Und wir haben ja auch sehr schwierige Fragen zu besprechen gehabt. In Wien zum Beispiel. Wir wollen das Thema, das wir damals zu behandeln hatten, heute nicht mehr erwähnen, aber wir wissen beide, daß es gar nicht einfach war. Und ich habe zu Eduard gesagt, damals haben wir eine Art Bombe entschärft.\**)

---

\*) Gemeint ist das umstrittene Newsweek-Interview des Bundeskanzlers vom 27.10.86, in dem aus sowjetischer Sicht Gorbatschow in die Nähe Goebbels gerückt wurde.

Frage Manana Schewardnadse:
Ich hätte noch eine solche Frage: Hatten Sie Komplikationen in Ihren Beziehungen, Krisensituationen? Wenn es möglich ist, geben Sie uns bitte eine Information darüber.

Schewardnadse: *Ich würde nicht sagen, daß es eine Krise in unserer privaten Beziehung gab. Während der Fahrt hierher hat sich Hans-Dietrich Genscher an unser Treffen in Wien erinnert, aber eine Krise war in den Beziehungen zwischen unseren Ländern zu erwarten. Ich möchte jetzt nicht sagen in welchem Zusammenhang, ja da gab es einmal eine ziemlich komplizierte Episode. Und wenn Hans-Dietrich und ich, wenn wir uns in Wien nicht getroffen hätten, dann hätten wir es vielleicht mit einer großen Unannehmlichkeit zu tun bekommen. Und die angefangene gute Sache wäre rückwärts gelaufen. Unser Treffen war damals nicht etwas Gewöhnliches. Ich erinnere mich. Jetzt, da ich mich an meine Worte erinnere, so scheint mir, daß damals wahrscheinlich alles hätte maßvoller sein müssen. Aber, wenn man so sagen darf, wir haben einfach Dampf abgelassen, und dadurch vollzog sich eine Entschärfung der Situation. Nach diesem Treffen in Wien wurde die Spannung, die in den Beziehungen unserer Länder real entstanden war, ausgeräumt. Ich glaube, das war das einzige Unangenehme, an was ich mich in unseren Beziehungen erinnere. Unsere Begegnungen waren ansonsten, ungeachtet der Schwierigkeiten und der kompliziertesten Probleme, immer durch Konstruktivität und einen gesunden menschlichen Verstand gekennzeichnet.*

Frage Manana Schewardnadse:
Die deutsche Verfassung enthielt als Hauptpunkt die Vereinigung Deutschlands. Deutschland ist heute verei-

nigt. Das ist zweifellos das Verdienst von Ihnen beiden. Sie haben teilweise darüber gesprochen. Vielleicht formulieren Sie kurz: Wie haben Sie dieses Ergebnis erreicht? Wie war, wenn man so sagen darf, Ihre politische Philosophie?

Genscher: *Ich glaube, das wichtigste war, daß man aufrichtig miteinander sprach, und mein sowjetischer Kollege zu dieser Zeit, Schewardnadse, wußte, wie sein Vorgänger auch, was die Herstellung der deutschen Einheit für mich bedeutete. Aber er kannte auch meine Philosophie. Nämlich, daß es nicht ein isolierter Vorgang sein könnte, der sich vollzieht ohne Rücksicht auf die Lage um Deutschland herum, und deshalb war die politische Philosophie, die Lage in Europa so zu verändern, daß die deutsche Vereinigung eine logische Folge dieser Entwicklung war. Daß sie einen unnatürlichen Zustand beendete und daß auch die Sowjetunion in der Existenz eines deutschen Staates für sich mehr Nutzen erkennen konnte als in der Existenz zweier deutscher Staaten, die das Ost-West-Verhältnis mit zusätzlichen Problemen belasteten. Wir arbeiteten im Grunde einmal an der Verbesserung der Beziehungen zwischen den beiden deutschen Staaten und zugleich an einer grundlegenden Veränderung in Europa. Wir belebten die KSZE, wir gestalteten das Verhältnis der beiden Bündnisse zueinander neu. Die NATO sagte, wir sind nicht mehr Gegner. Wir sorgten 1989 dafür, daß nicht noch einmal nukleare Kurzstreckenraketen neu eingeführt wurden in einer aussichtsreichen Phase der Beziehungen, und wir bereiteten die Grundlage für das künftige Zusammenleben der europäischen Völker vor, die Charta von Paris, die dann Ende 1989 unterzeichnet wurde. Also, es wurde wirklich soviel verändert, daß eine Aufrechterhaltung der deutschen Spaltung diesen Prozeß behindert hätte. Daß aber die Herbeiführung der deutschen Vereinigung diesen Prozeß förderte, und das führte dazu, daß auch die sowjetische Regierung in diesem Prozeß ihren eigenen Vorteil erkannte.*

**Schewardnadse:** *Was meine Philosophie betrifft, wenn man über die Vereinigung Deutschlands spricht, so kann man sie ziemlich einfach darlegen. Ich verfolgte eine Politik, die sich auf die Prinzipien der Sittlichkeit stützt, die die höchste Moral in den zwischenmenschlichen und zwischenstaatlichen Beziehungen anerkennt und die Ungerechtigkeit ausschließt. Ich hielt die Teilung einer Nation und eines Volkes für ungerecht und unmoralisch, für künstlich, besonders einer solchen großen Nation und eines solchen Volkes, wie es das deutsche Volk ist. Ich erinnere mich jetzt an ein Gespräch mit einem meiner Kollegen im Jahre 1986. Als ich ihm sagte, daß die Vereinigung Deutschlands unumgänglich sei, hat er, einer der besten Spezialisten, ein guter Germanist, mich mit Verwunderung angeschaut. Damals war das ein merkwürdiger Gedanke, den man nicht wiederholen durfte. Das konnte man nur dem engsten Freund sagen. Dann haben sich die Ereignisse so entwickelt, wie Sie eben gesagt haben, daß das Problem der deutschen Vereinigung sich in einen Gesamtkomplex einfügte. Und es geschah, würde ich sagen, ein Wunder, eine der größten Revolutionen dieses Jahrhunderts, und man kann sagen, nicht nur dieses Jahrhunderts. Ich würde sie als samtene Revolution bezeichnen. Es wurde der Gegensatz, die Gegenüberstellung, der Zweikampf zwischen dem Westen und dem Osten bewältigt. Praktisch wurde die Menschheit von der nuklearen Bedrohung befreit, von der Gefahr eines nuklearen Krieges. In dieser großen Bewegung und parallel zu dieser Bewegung* *verlief der Kampf für die Vereinigung Deutschlands. Vor allem und in erster Linie inmitten des deutschen Volkes, und dann haben sich in diesem Kampf alle nüchtern denkenden Politiker eingeschaltet. Darunter einige Führer der ehemaligen Sowjetunion. Gorbatschow. Und ich bin glücklich, daß auch ich zu der Reihe dieser Politiker gehörte. Ich glaube, wir können heute darüber sprechen, daß in der großen Weltpolitik die Moral, die hohe Moral, und die Gerechtigkeit gesiegt haben. Es wurde der Antagonismus zwischen dem Osten und dem Westen bewältigt, und dazu müssen wir das wunderbare Ereignis unserer Zeit hinzufügen, welches heißt: Die Entstehung (anstelle der ehemaligen Sowjetunion) von 15 unabhängigen Staaten. Uns, mir und Hans-Dietrich, hat es das Schicksal zuteil werden lassen, in den vorderen Reihen dieser Revolution, sagen wir, der Revolutionäre zu stehen.*

Frage Manana Schewardnadse:
Osten und Westen wurden vereinigt. Kann man sagen, daß Sie sich als Sieger fühlen?

Genscher: *Wir waren uns von Anfang an einig darüber, daß es bei diesen Verhandlungen nicht Sieger und Besiegte geben könne. Sonst hätten wir das hier niemals erreicht. Aber es gibt natürlich einen Sieger, das sind die Menschen in Europa und die Völker in Europa. Und es sind die Grundsätze, von denen Eduard gesprochen hat. Freiheit, Menschwürde, Demokratie, Selbstbestimmungsrecht.*

Schewardnadse: *Ich würde so sagen: Sieger sind wir nicht, aber glücklich sind wir. Deshalb, daß wir in diesem Prozeß das getan haben, was wir tun konnten.*

Frage Manana Schewardnadse:

Und zuletzt kommen wir wieder auf diesen Tisch zurück. Wenn man Ihnen jetzt vorschlagen würde, eine neue Runde der Verhandlungen zwischen Ihnen zu beginnen, womit würden Sie anfangen? Welche Probleme würden Sie erörtern? Welche Fragen hätten Sie, Herr Schewardnadse, heute Herrn Genscher gestellt und Sie, Herr Genscher, Herrn Schewardnadse?

Schewardnadse: *Wir haben heute bei Hans-Dietrich Genscher zu Hause, wie ich glaube, diese Frage beantwortet. Es ging darum, daß der kalte Krieg zu Ende gegangen ist, Europa vereinigt ist. Es gibt kein Imperium, vor dem der europäische Bürger, und nicht allein der europäische Bürger, zittert. Es entstanden 15 unabhängige Staaten. Kann sich die Menschheit mit dem begnügen, was geschah, ungeachtet der Grandiosität und des großen Maßstabs der umfassenden Veränderungen, die in den letzten Jahren geschehen sind? Und Hans-Dietrich und ich sind zu der Schlußfolgerung gelangt, daß es keinen Grund zur Beruhigung gibt; und daß, wenn die Menschheit nicht wachsam bleibt, wenn wir nicht die heutige Welt neu betrachten, wir es anstelle des kalten Krieges mit heißen Kriegen zu tun bekommen könnten. So eine Gefahr ist real. Wenn wir heute mit den entsprechenden Vollmachten und Aufgaben ausgestattet wären, würden unser Gespräch und unsere Verhandlung natürlich mit diesem Thema beginnen. Was ist zu tun? Was muß die Menschheit tun, um auf dieser Basis, auf diesem Fundament, dessen Grundstein wir gelegt haben, ein neues Gebäude zu errichten? Ein Gebäude des Friedens, des Vertrauens, des Wohlstands. Jetzt besteht eine solche Chance, und die Menschheit darf diese Chance nicht verpassen. Zum Beispiel hätte ich damit, mit dieser*

*Frage, angefangen, mit der Erörterung dieses Problems. Wir haben uns ein wenig darüber beklagt, daß gegenwärtig zu gleichgültig auf das geschaut wird, was heute passiert, in den verschiedenen Regionen unseres Planeten, woraus ein Brand entstehen kann. Diese Sorge, diese Fragen der Erörterung hätten auf der Tagesordnung unseres Treffens gestanden.*

Genscher: *Es ist das Wort Chance verwendet worden. Ich will das auch aufnehmen. Was wurde erreicht mit der Überwindung des kalten Krieges? Deutsche Einheit, europäische Einheit. Das eröffnet wirklich eine neue Chance, aber die muß man nutzen. Man darf sich eben nicht in den Sessel zurücklegen und sagen, nun wird sich alles von selbst entwickeln. So wie mit kühnen Ideen und sehr viel Mut und Weitsicht der kalte Krieg überwunden wurde. Es war friedlich. So muß jetzt die Zukunft Europas gemeinsam gestaltet werden, und da darf niemand im Westen Europas annehmen, daß es auf Dauer dem Westen gutgehen könnte, wenn es dem Osten Europas auf Dauer schlecht ginge. Das heißt, wir müssen dieses Europa als Einheit verstehen, und darüber müssen wir uns verständigen. Über die Formen, über die Rahmenbedingungen, über die Institutionen, die wir haben. Aber ich möchte auch etwas Persönliches noch sagen. Man wird oft gefragt, ob persönliche Beziehungen bei der Lösung schwieriger Fragen eine Rolle spielen. Natürlich spielt das eine Rolle, das persönliche Vertrauen. Gehe mit einem Menschen an Plätze, die ihm wichtig sind, dann wirst Du ihn besser kennenlernen. Und Du wirst ihn kennenlernen in schweren Situationen. Als es im September 1989 um mehrere tausend Bürger aus der damaligen DDR in unserer Botschaft in Prag ging, da sprach ich mit Eduard in New York darüber, und er hätte natürlich sagen können, das ist eine Angelegenheit, die ist nicht eine sowjetische, das ist eine Frage, die Sie mit der DDR besprechen müssen. Er hätte mir eine formale Antwort geben können. Aber er hat mir eine menschliche Antwort gegeben in Form einer Frage. Er hat nämlich gefragt: »Wieviele Kinder sind dabei?« Und ich habe gesagt: »Sehr viele.« Und dann hat er gesagt: »Ich werde alles tun, daß diese Frage gelöst werden kann.« Wir haben am Grabe seines Bruders gestanden, und wir haben uns an alles erinnert, was in der Vergangenheit war und waren uns einig, das darf nicht wieder geschehen. Wir standen vor meinem Geburtshaus, und wenn ich bei allem Schweren, das wir zu behandeln hatten, an eine besonders uns beide eigentlich viel Freude erfüllende Stunde denken will, dann war es, als wir in meiner Schule in Halle auf der Schulbank saßen. Da haben wir uns überhaupt nicht benommen wie Außenminister, sondern wie Schulbuben. Und wenn man das Bild heute noch sieht, erkennt man das. Und bei jeder dieser Begegnungen wußte ich, das ist ein guter Mensch, mit dem Du zu tun hast. Und für alle diese Begegnungen möchte ich heute herzlich danken.*

**Schewardnadse:** *Ich möchte mich Ihnen, Hans-Dietrich, anschließen. Die persönliche Beziehung, die gute persönliche Beziehung, hat uns große Dienste geleistet. Diesen Episoden, die Sie aufgezählt haben, würde ich noch etwas hinzufügen: Ich war mehrmals in Bonn, und ich erinnere mich an keinen Fall, wo ich nicht bei Ihnen zu Hause gewesen wäre und Sie und Barbara nicht getroffen hätte, nicht häuslich und freundlich gesprochen hätte. Sie waren selten in Moskau, ohne mich zu besuchen. Auch danach, nach meinem Rücktritt, haben wir uns noch öfter in meinem Haus getroffen. Sie mußten auch einfach nach Geor-*

*gien kommen. Vor Ihrem Rücktritt war das wie irgendeine Pflicht vor dem Freund in dieser damaligen, äußerst schweren Situation zu kommen und mein Volk zu unterstützen. Und ich vergesse das nicht.*

*Es ist ein einzigartiges Foto, auf dem Sie und ich auf einer kleinen Schulbank für Kinder sitzen. Ich habe in der Kindheit deutsch gelernt. Ein Kind sagte uns: Schreiben Sie mir einige Wörter auf deutsch. Ich versuchte, einige Buchstaben zu malen. Von zehn Buchstaben habe ich zwei mit Fehlern geschrieben. Und dieser Junge, der die Rolle des Lehrers innehatte, gab mir, glaube ich, eine vier. Ich möchte Sie bitten, wenn es möglich ist, in diesem Film unbedingt dieses Foto zu zeigen. Ich bin Gott dankbar, daß er mich mit Ihnen zusammentreffen und mir das Glück zuteil werden ließ, daß wir an großen Problemen der Gegenwart zusammenarbeiten, um vieles gemeinsam zu lösen.*

Manana Schewardnadse:
 Vielen, vielen Dank.

So ging der erste Besuchstag in Bonn weit nach Mitternacht mit einer Reminiszenz zwischen zwei ehemaligen Außenministern zu Ende, die sie gedanklich zu ihren wichtigsten Verhandlungen zurückführte. Die äußeren Aspekte der deutschen Einheit waren an eben diesem runden Tisch ausgehandelt worden. Und deshalb ist nur richtig, daß das Haus der Geschichte der Bundesrepublik Deutschland diesen Tisch künftig in seine Sammlung aufnehmen wird.

Am nächsten Morgen war ein Frühstück mit Wirtschaftsvertretern vorgesehen, danach die offizielle Begrüßung mit militärischen Ehren durch den Präsidenten der Bundesrepublik Deutschland, ein Gespräch und ein Mittagessen mit dem Bundeskanzler, eine Pressekonferenz, ein Gespräch mit der Präsidentin des Deutschen Bundestages, den Vorsitzenden der Fraktionen, und schließlich endete der zweite Besuchstag mit einem Abendessen, gegeben vom Bundespräsidenten Richard von Weizsäcker und seiner Frau.

Seine Tischrede begann der Bundespräsident am Abend des 24. Juni 1993 wie folgt: »*In den alten Akten des Auswärtigen Amtes fand sich ein Telegramm mit folgendem Wortlaut, den ich Ihnen auszugsweise vorlesen darf: ›Entsendung deutscher amtlicher Vertretung nach Tiflis von allen Kreisen der Bevölkerung lebhaft gewünscht... Kein Zweifel, daß Tiflis gegenwärtig sehr günstiger Beobachtungsposten, sowohl politisch wie wirtschaftlich.‹ Dieses Telegramm*«, so fuhr der Bundespräsident fort, »*hätte im März 1992 nach Ihrer Rückkehr nach Tiflis geschrieben werden können. Es stammt aber aus dem Juni 1920 und war der Anlaß zur Eröffnung einer deutschen Diplomatischen Vertretung in Ihrem Lande. Heute kann ich im Namen des deutschen Volkes sagen, daß Ihr Besuch bei uns ebenso lebhaft begrüßt wird, wie seinerzeit von den Georgiern die Entsendung einer deutschen diplomatischen Mission nach Tiflis.*«

Der Bundespräsident erinnerte auch an viele Verbindungen zwischen den beiden Völkern. Bereits Anfang des 19. Jahrhunderts hatten sich Deutsche in Georgien niedergelassen. Siedlungen mit dem Namen Alexandersdorf und Katharinenfeld zeugen noch heute davon. Mitte des 19. Jahrhunderts weilte Friedrich Bodenstedt in Georgien und veröffentlichte Reisebeschreibungen über das Land am Kaukasus. Diese Berichte inspirierten andere Industrielle, nach Georgien zu reisen. Namen wie Arthur Leist und die Brüder Siemens sind nur zwei Beispiele. Der Präsident schloß mit einem Dank: »*Wir Deutschen sind dem georgischen Volk und Ihnen, Herr Schewardnadse, ganz besonders verpflichtet. Daraus erwächst auch der Wille und die Bereitschaft, Ihnen beim Erreichen des wichtigsten Zieles, den Frieden in Ihrem Land herzustellen, zur Seite zu stehen.*«

Und dann erinnerte der Bundespräsident, zurückkommend an den Anfang seiner Rede, an die Glückwünsche des deutschen Geschäftsträgers in Tiflis aus Anlaß des Neujahrsempfangs im Jahre 1921 durch Staatspräsident Jourdania, dem er wünschte: »*Ich hoffe, daß ein wirklicher Friede im Orient, ohne den der allgemein ersehnte Weltfriede nicht zustande kommen kann, dem georgischen Volk gestatten wird, sich seiner natürlichen Reichtümer zu erfreuen, insbesondere seine wirtschaftliche Lage zu festigen.*« Mehr als 70 Jahre lagen zwischen diesen beiden Glückwünschen, 70 Jahre, in denen der Kommunismus auch das Land Georgien mit eiserner Faust umklammert gehalten und seine freie Entfaltung verhindert hatte. Symbol auch für die tragische Geschichte dieses Landes am Fuße des Kaukasus.

Am gleichen Tage hatte Bundeskanzler Dr. Helmut Kohl zusammen mit dem georgischen Gast die »Gemeinsame Erklärung über die Grundlagen der Beziehungen zwischen Deutschland und Georgien« unterzeichnet und dazu vor der Presse die folgende Erklärung abgegeben: »*Verehrter Eduard Schewardnadse, ich heiße einen bewährten Freund Deutschlands bei uns heute in Bonn willkommen. Ihre Hilfe und Unterstützung bei der deutschen Einheit ist uns, vor allem auch mir, unvergessen... Wir setzten unsere Hoffnungen auf Sie, Herr*

*Präsident, ich sage das ganz undiplomatisch und ganz direkt, daß Sie in Ihrer Heimat Erfolg haben mit Ihren Reformvorhaben... Sie haben sich eben nicht in den Ruhestand zurückgezogen, sondern Sie versuchen, jeden Tag im Rahmen Ihrer Möglichkeiten Ihren Beitrag zu leisten.«*
Zum Schluß merkte der Kanzler an, es gäbe immer noch zu viele, die die Dynamik der Geschichte nicht begriffen hätten. Für diese Leute sei alles, was in den Staaten der früheren Sowjetunion passiere, auch in Georgien, weit weg. Diese Menschen hätten noch nicht verstanden, daß, wenn die Reformen scheiterten, die alten Strukturen wiederkommen könnten und dann vielleicht das alte Elend neu beginnen würde. *»Sie sollten wissen, daß wir so nicht denken, daß ich so nicht denke und daß wir im Rahmen unserer Möglichkeiten, die natürlich begrenzt sind, Ihnen gerne bei diesem Weg helfen wollen.«*

Auch ein Abkommen zwischen der Bundesrepublik Deutschland und der Republik Georgien über kulturelle Zusammenarbeit wurde unterzeichnet. Schon früher hatte Genscher die Einrichtung eines Goethe-Instituts in Tiflis zugesagt. Bundesaußenminister Dr. Klaus Kinkel würdigte die abgeschlossenen Verträge, den Investitions-, Förderungs- und Schutzvertrag, drei Verkehrsabkommen, das Kriegsgräberabkommen, die Einrichtung eines Studien- und Fachkräftefonds. 30 Millionen DM Finanzhilfe, 20 Millionen DM Nahrungsmittelhilfe und 3 Millionen DM für technische Zusammenarbeit wurden bereitgestellt, dringende Überlebenshilfe für die 85% der etwa 5,5 Mio. Einwohner Georgiens, die an der Armutsgrenze leben.

Schewardnadse stattete auch dem Bundeskanzler gegenüber seinen Dank in sehr persönlichen Worten ab: »*Es fehlen mir die Worte, um im Namen meines Volkes meine Dankbarkeit zum Ausdruck zu bringen für die Gastfreundschaft, für die Unterstützung und für die besten Wünsche und für die Hilfe. Ich bin natürlich nicht zum ersten Mal in Bonn. Ich habe hier an vielen großen Diskussionen teilgenommen. Und ich war Zeuge vieler dramatischer Geschehnisse. Nicht nur eine Nacht haben wir wach und arbeitend mit Herrn Genscher hier verbracht. Natürlich haben wir dabei nicht nur Kaffee getrunken, sondern hart diskutiert. Ich habe es bereits gesagt: Als ich in Bonn ankam, hatte ich das Gefühl, als ob ich in ein heimatliches Gebiet zurückkehrte. Ich bin stolz darauf und mein Volk ist auch stolz darauf, daß im Prozeß der Vereinigung Deutschlands ich als Georgier einen kleinen Betrag geleistet habe... Heute gibt es Hunger bei uns. Ich möchte mich jetzt öffentlich bei Ihnen bedanken für Ihre Bereitschaft, dem kleinen Land helfend die Hand zu reichen.*«

Am nächsten Tag flog Schewardnadse mit dem Airbus der Luftwaffe nach Berlin, wo um 15.00 Uhr die Protokollchefin von Berlin, Anna-Margareta Peters, auf dem Flughafen Tegel wartete, um den hohen Gast zu begrüßen. Anschließend ging es gleich weiter. Bürgermeister Diepgen und seine Frau Monika erwarteten Schewardnadse am Brandenburger Tor und machten dann gemeinsam einen Gang durch das symbolträchtige Museum »Haus am Checkpoint Charlie«. Im Wappensaal des Berliner Roten Rathauses folgte ein Empfang der Berliner Georgischen Gesellschaft und des georgischen Hauses in Leipzig. Am Abend gab der Regierende Bürgermeister in der Eichengalerie des Charlottenburger Schlosses ein festliches Abendessen für die Gäste aus Georgien, an dem auch die beiden

Kinder Schewardnadses, Manana und Andrej, der als internationaler Beamter in Paris arbeitet, teilnahmen.

Am nächsten Tag war für 10.00 Uhr die feierliche Verleihung des Immanuel-Kant-Preises der *F.V.S.-Stiftung* zu Hamburg an Eduard Schewardnadse im Abgeordnetenhaus von Berlin vorgesehen. Die von dem Hamburger Getreidehändler Alfred Töpfer ins Leben gerufene Stiftung verlieh den mit 100 000 DM dotierten Preis an Schewardnadse, der, so hieß es in der ersten Würdigung, in seinem Amt als Außenminister der früheren Sowjetunion maßgeblich an der historischen Wende in Europa mitgewirkt habe. Die Laudatio hielt der Preisträger des vergangenen Jahres, Hans-Dietrich Genscher.

---

## LAUDATIO

von Bundesminister a.D.

Hans-Dietrich Genscher, MdB

für

Eduard Schewardnadse,

Vorsitzender des Parlaments

und Staatsoberhaupt der Republik Georgien

aus Anlaß der Verleihung

des Immanual-Kant-Preises

am 26. Juni 1993

in Berlin

Herr Staatspräsident, lieber Freund Eduard Schewardnadse, sehr verehrte, liebe Frau Schewardnadse, meine sehr geehrten Damen, meine Herren, die Stiftung F.V.S. zu Hamburg zeichnet heute eine außergewöhnliche Persönlichkeit mit dem Immanuel-Kant-Preis aus.

Der Preisträger, so heißt es in der Verleihungsurkunde, hat sich herausragende Verdienste um den Frieden in Europa und die Verbesserung der Zusammenarbeit mit den ost- und südosteuropäischen Ländern erworben.

Eduard Schewardnadse gehört zu den Baumeistern eines neuen Europa. Eines Europa, das gegründet ist auf die Wertvorstellungen von Freiheit, Demokratie und Menschenrechten.

Er gehört zu den Persönlichkeiten, die mit Weitsicht, mit Mut und mit Entschlossenheit die Mauer durch Europa und die Mauer durch diese Stadt Berlin niedergerissen haben.

Diesen Preis hier in Berlin an Eduard Schewardnadse zu verleihen, bedeutet einen Mann zu ehren, ohne den es das vereinte Berlin, das vereinte Deutschland und das nicht mehr geteilte Europa nicht geben würde.

Die Stiftung ehrt mit dieser Preisverleihung den europäischen Staatsmann, den georgischen Patrioten, den Humanisten und den entschlossenen und weitsichtig handelnden Politiker Eduard Schewardnadse.

Sie ehrt einen Streiter für Menschenrechte, Menschenwürde und Freiheit. Sie ehrt einen Mann, der dazu beigetragen hat, daß in Europa die Herrschaft des Rechts an die Stelle des Rechts des Stärkeren getreten ist.

Gerade damit handelt er im Geist Immanuel Kants, von dem wir wissen: »Das Recht muß nicht der Politik, wohl aber die Politik jederzeit dem Recht angepaßt werden. Alle Politik muß ihre Knie vor dem Recht beugen.«

Wieviel ist in Europa, wieviel ist in der Welt noch zu tun, um diesem Grundsatz Geltung zu verschaffen!

Aber wieviel ist auch schon geschehen!

Wieviel hat sich von diesem Grundsatz schon durchgesetzt – und dies gerade durch das Wirken von Eduard Schewardnadse.

Die heutige Ehrung gilt einer Persönlichkeit, der wir Deutsche so viel zu verdanken haben.

Sein autobiographisches Werk »Die Zukunft gehört der Freiheit« leitet Eduard Schewardnadse mit den Worten ein:

»In der Geschichte der Sache verbirgt sich immer auch die Geschichte eines Menschen.«

Das gilt natürlich auch für den Menschen Eduard Schewardnadse. Immanuel Kant schrieb: »Es kann eher aus einem munteren Knaben ein guter Mann werden, als aus einem naseweisen, klug tuenden Burschen.« Nach allem, was wir wissen, war Eduard Schewardnadse ein munterer Knabe.

Ein guter Mann ist aus ihm allemal geworden.

Die Herkunft aus dem georgischen Dorf Mamati und der natürliche ländliche Charakter seiner Heimatregion haben ihn geprägt.

Er ist ein Mann, der die Wurzeln in seiner Heimat niemals verleugnet hat. Wer ihn erlebt, wenn er von seiner Heimat spricht, mit glänzenden Augen und mit Sehnsucht, der versteht, wie fest er dort verwurzelt ist.

Was seine Heimat für ihn bedeutet, habe ich besonders deutlich gespürt, als wir meine Heimatstadt Halle besucht haben, als wir vor dem Haus standen, in dem ich geboren bin, als wir in der Schule waren, in der ich gelernt habe, als wir von vielen Tausenden Hallensern begeistert empfangen wurden, die ihm danken wollten für das, was er für sie, für Deutschland und für die Welt getan hat.

Da gingen seine Gedanken in seine eigene Heimat.

Aus den Wurzeln seiner Heimat empfing Eduard Schewardnadse die Kraft für seinen politischen Aufstieg, auch während der Zeit seines Wirkens in Moskau.

In Georgien findet sich eine alte Kreuzung der wichtigsten Wege von Völkern und Zivilsationen, dort wo Kulturen und Glaubensbekenntnisse aufeinandertreffen.

Immer wieder war Georgien auch Objekt strategischer und widerstreitender Interessen der Mächtigen dieser Welt.

Georgien hat dabei immer seinen Blick in das Herz Europas gerichtet. Georgien, das von diesem Europa, dem es sich so sehr zugehörig fühlt, auch enttäuscht worden ist, auch in diesem Jahrhundert, Georgien, das Eduard Schewardnadse geprägt hat.

Wer eine solche Herkunft bewußt erfahren hat, der weiß um die Bedeutung der Beziehungen zwischen den Menschen verschiedener Völker, der Beziehungen zwischen Staaten und Regionen, der weiß um die Notwendigkeit des friedlichen Zusammenlebens der Völker als Voraussetzung für eine gedeihliche Entwicklung auch der eigenen Nation. Eduard Schewardnadse gehört zu den Vordenkern und Mitgestaltern der grundlegenden Veränderungen in der Sowjetunion der 80er Jahre. Lange bevor diese Gedanken in die Wirklichkeit umgesetzt werden konnten, hatte er im vertraulichen Gespräch mit Michail Gorbatschow die Notwendigkeit einer Humanisierung der Verhältnisse in der Sowjetunion, die Notwendigkeit grundlegender Veränderungen, die Besinnung auf die Grundwerte der Menschheit gefordert.

Unvergeßlich bleibt für mich die Begegnung im Kaukasus an dem Tag, als das Ergebnis der Verhandlungen zur Überwindung der Hindernisse, die der deutschen Vereinigung von außen entgegengestanden hatten, besiegelt wurde.

Damals war es Michail Gorbatschow, der an das Gespräch im Frühjahr 1982 erinnerte, in dem Eduard Schewardnadse ihn, der als Sekretär des Zentralkomitees aus Moskau zu Besuch nach Tiflis gekommen war, auf die Verantwortung für den Beginn des Afghanistan-Krieges angesprochen hatte und auf die Notwendigkeit, neue Wege zu gehen. Wir verstanden damals, daß Eduard Schewardnadse von der Vorstellung geleitet war – und auch das führt hin zu Kant –, daß nur eine Politik Aussicht auf Erfolg haben kann, die auf moralische Werte gegründet ist. Nur eine solche Politik wird der Würde des Menschen gerecht.

So erkennt man Eduard Schewardnadse, wenn man mit ihm spricht über die Probleme seines Landes, über die Probleme unseres Landes, über einzelne menschliche Schicksale.

Zu den unvergessenen Begegnungen mit ihm gehören die Gespräche in New York im September 1989, als die Zustände in der deutschen Botschaft in Prag immer unhaltbarer wurden und als ich darum bat, einzugreifen, zu helfen, die Ausreise der Menschen in der Botschaft möglich zu machen.

Während ich ihm die Lage in der Botschaft schilderte und die Notwendigkeit, daß gehandelt werden müsse, sah er mich an und fragte: »Wieviel Kinder sind darunter?«

Ich sagte, es seien viele, sehr viele.

Und dann mußte nicht mehr argumentiert werden, er sagte ganz einfach: »Ich werde alles tun, damit eine Lösung schnell kommt.«

Er sagte es nicht nur, er handelte.

Ich hätte mir gewünscht, er hätte mit mir auf dem Balkon der Botschaft in Prag stehen können, als die hoffenden und bangenden Menschen hörten, der Weg ist frei.

Die Begegnung in New York sagt über den Menschen Eduard Schewardnadse mehr aus, als alle Beschreibungen seiner politischen Tätigkeit es tun können.

Menschlichkeit und nicht Prinzipien, mögen sie noch so hehr klingen, waren für ihn entscheidend.

Mehr als ein halbes Jahrzehnt – von 1985 bis 1990 – gestaltete Eduard Schewardnadse die sowjetische Außenpolitik.

Das führte zu grundlegenden Veränderungen.

Im Zeichen von Perestroika und Glasnost erfuhr diese Außenpolitik eine völlige Neuorientierung.

Es war nicht eine taktische Veränderung oder nur ein einseitiges Vorteilesuchen mit neuen Methoden, wie manche es damals Gorbatschow unterstellten, sondern es war eine auf neue Wertvorstellungen gegründete Politik in der Sowjetunion nach innen und nach außen.

Schon bei unserer ersten Begegnung in Helsinki aus Anlaß der zehnjährigen Unterzeichnung der KSZE-Schlußakte saß mir hier ein Mann gegenüber, der anders war als diejenigen Repräsentanten der Sowjetunion, mit denen ich bis dahin zu tun hatte.

Er trat mir nicht als der Außenminister der Weltmacht Sowjetunion gegenüber, sondern als jemand, der eine neue Aufgabe übernommen hat, der sich bewußt ist, wie schwer diese Aufgabe ist, aber der in keiner Weise versucht, den Eindruck zu erwecken, er komme mit einem fertigen Konzept und wisse alles.

Nein, er sagte: »Ich weiß, Sie hatten ein gutes Arbeitsverhältnis mit meinem Vorgänger. Das wünsche ich mir auch mit Ihnen. Bitte erwarten Sie nicht, daß ich Ihnen hier meine politischen Vorstellungen darlege, aber ich bin sehr daran interessiert, von Ihnen zu hören, wie Sie sich die weitere Entwicklung und die Möglichkeiten in Europa vorstellen.«

Er ist ein Mann, der zuhören kann, der ernst nimmt, was der andere sagt. So war es auch, als ich ihn im September 1988 auf die sich abzeichnenden Entwicklungen in der damaligen DDR ansprach, als er sagte, er wolle darüber mit Michail Gorbatschow sprechen.

Er ist ein Mann, der suchte und der natürlich auch Vertrauen suchte, bei denen, denen er begegnete.

So gewann Eduard Schewardnadse das Vertrauen der Welt für sich, für seine Politik und schließlich für sein Land.

Die Zahl unserer Begegnungen scheint unendlich.

Die Anlässe waren ganz unterschiedlich – die Umstände auch. Und doch gibt es Begegnungen, die besonders herausragen und die so viel über ihn aussagen.

Von zweien habe ich gesprochen – in New York und vorher in Helsinki.

Und dann die Begegnung in Brest, der Stadt an der Grenze zwischen der Sowjetunion und Polen, der Stadt, in der sein Bruder in den ersten Tagen des Hitler-Krieges gegen die Sowjetunion das Leben verlor. Wir gingen zu dem Denkmal mit dem Namen, der an den toten Bruder erinnert.

Da standen wir zusammen, sahen uns an, legten nach der Sitte des Landes Blumen nieder, einzeln, für jeden, an dessen Tod dort erinnert werden sollte.

Wir ergriffen unsere Hände, es brauchte keine Worte, um zu sagen, »das alles darf nie wieder geschehen, das alles darf nie wieder möglich sein.«

Dort, an dem Ort, an dem der Bruder nach dem Überfall Hitlers auf die Sowjetunion das Leben verlor, dort sprachen wir über die Einheit Deutschlands, über die Regelung der äußeren Aspekte, über die sicherheitspolitischen Voraussetzungen, so wie zuvor in Ottawa, in Windhuk und später in Münster und an anderen Orten.

Bei jeder dieser Begegnungen empfand ich, was ich schon in Ottawa, als wir die »2+4«-Verhandlungen verabredeten, gefühlt hatte: Dieser Mann geht einen schweren Weg, dieser Mann geht einen Weg, der von ihm fast Übermenschliches verlangt, denn er bricht mit einer sowjetischen Politik, die über Jahrzehnte das Handeln der Sowjetunion bestimmt hatte. Während er mit dieser Politik bricht und damit auch die Opposition vieler Kräfte in Moskau erweckt, öffnet er das Tor für eine neue Zukunft in ganz Europa.

Es schmerzte ihn, daß die Lauterkeit seiner Vorstellungen, daß seine zutiefst moralischen und patriotischen Gefühle in der Sowjetunion von vielen nicht nur nicht verstanden wurden, sondern daß ihm die heftigsten Vorwürfe gemacht wurden, daß er angegriffen wurde.

Als wir nach dem stürmischen Empfang vor dem Rathaus in Halle wieder im Wagen saßen und zu meiner Schule fuhren, nahm er meine Hand und sagte – und er wird mir erlauben, daß ich das heute vor diesem Kreis sage: »Ich möchte das in meiner Heimat auch so erleben.«

Ich wünsche ihm, daß das so möglich wird.

Eduard Schewardnadse hat, als er am 20. Dezember 1990 Bilanz zog, das nicht ohne Bitterkeit getan. Er wollte mit seinem Rücktritt ein Zeichen setzen, ein Zeichen geben auch für die Gefahren, die dem neuen Kurs in der damaligen Sowjetunion drohten.

Dann trafen wir uns wieder in seiner Wohnung in Moskau, so wie wir uns dort schon getroffen hatten, als er noch Außenminister war, und so wie ich ihn in meinem Haus in Bonn empfangen hatte. Ich spürte, wie ihn die Sorgen umtrieben wegen der Lage in seiner Heimat Georgien.

Er fragte mich, was ich an seiner Stelle tun würde.

Man rufe ihn, er solle nach Georgien zurückkommen.

Ich sagte: »Sie müssen diesen Ruf annehmen. Und ich weiß, daß Sie auch schon entschlossen sind, denn ich habe, als wir in meiner Heimat waren, verstanden, was Ihnen Ihre Heimat bedeutet. So wie Sie verstanden haben, was mir meine Heimat bedeutet, die Sie mir zurückgegeben haben.«

So ging er nach Georgien in einer für das Land fast aussichtslosen Lage. Er übernahm diese Aufgabe unter Umständen, mit Problemen, bei denen er sich nicht sicher sein konnte, daß er sie würde lösen können.

Aber er hat sich in die Pflicht nehmen lassen für seine Heimat, für das Recht, für die Freiheit, für die Menschenwürde, für die Werte, die ihm wohl immer etwas bedeutet hatten, aber die mehr und mehr auch seine politische Arbeit bestimmt hatten, und ohne die sein Eintreten für die Politik von Perestroika und Glasnost für die Sowjetunion und für die Außenpolitik der Überwindung der Teilung Europas, Deutschlands und Berlins nicht verständlich wären.

Eduard Schewardnadse hat als Mitglied der neuen Führung in der Sowjetunion seit 1985 eine Leistung von geschichtlicher Größe erbracht. Er hat dazu beigetragen, daß Europa seine Trennung überwinden konnte, daß wir Deutsche in einem Staat zusammenleben können, daß in Paris die Charta für ein neues Europa unterzeichnet werden konnte, die alle Völker Europas auf Freiheit, Menschenwürde, Demokratie und soziale Marktwirtschaft verpflichtet.

Er hat zusammen mit Michail Gorbatschow eine wahrhaft revolutionäre Entwicklung in Europa eingeleitet.

Eine Entwicklung, die in ihrer Bedeutung tiefgreifender ist, als es die Revolution Lenins im Jahre 1917 war.

Eine Entwicklung, die bei allen Problemen, Spannungen und Rückschlägen längst unumkehrbar geworden ist.

Eine Entwicklung, die nicht widerlegt wird durch die Ereignisse in seinem Land, in anderen Regionen der früheren Sowjetunion und auch nicht im früheren Jugoslawien, sondern die letztlich den Weg der Hoffnung für die Völker Europas geöffnet hat.

Ich wünsche ihm, daß er auch in seinem Land die Grundwerte verwirklichen kann, die wir gemeinsam in Paris vereinbart haben. Ich weiß, wie sehr er selbst darunter leidet, daß das noch nicht überall gelungen ist.

Die heutige Auszeichnung ist eine Anerkennung für das, was Eduard Schewardnadse geleistet hat.

Es ist der Ausdruck der Dankbarkeit der Deutschen gegenüber diesem großen Mann.

Aber unsere Verpflichtung geht weiter.

Wenn wir seiner staatsmännischen Leistung für Europa gerecht werden wollen, dann müssen wir in der neuen Verantwortung als Deutsche im Herzen Europas für die Überwindung der noch immer vorhandenen Gegensätze im ganzen Europa arbeiten.

Wir müssen dafür arbeiten, daß sich die dramatischen Entwicklungen in den Nachfolgestaaten der früheren Sowjetunion in stabilen Rahmenbedingungen vollziehen können.

Wir müssen dafür sorgen, daß die Völker in diesen Nachfolgestaaten empfinden, daß Europa ihnen sein Gesicht zuwendet und nicht den Rücken, daß Europa ihnen die Hand ausstreckt und sich nicht verschließt, daß dieses Europa entschlossen ist, sich auf sich selbst zu besinnen und die Einheit des ganzen Europa anzunehmen und sie zu verwirklichen. Das bedeutet, auch zu erkennen, daß es im Westen Europas auf Dauer nicht gutgehen kann, wenn es im Osten Europas auf Dauer schlecht gehen würde.

Wir Deutsche können unseren Dank abstatten, wenn wir seinem Georgien helfen, den Übergang zu Demokratie und Marktwirtschaft zu erreichen. Wir wollen seinem Land, das sich mit Deutschland so eng verbunden fühlt, das so viele kulturelle und historische Verbindungen mit Deutschland hat, den Weg zu dem Europa, dem es sich immer zugehörig gefühlt hat, ebnen.

Die Auszeichnung mit dem Kant-Preis ist deshalb nicht nur die Würdigung der Verdienste des europäischen Staatsmannes Eduard Schewardnadses, sie ist auch Ausdruck unserer dankbaren Verpflichtung gegenüber diesem großen Georgier.

Heute gelten meine Glückwünsche dem Manne, von dem ich mit großem Stolz sagen darf, er ist mein Freund.

Meine Glückwünsche zur Verleihung dieser angesehenen und bedeutenden Auszeichnungen gelten dem Europäer Schewardnadse und dem Staatsmann Schewardnadse.

Sie gelten einem Manne, dem Menschlichkeit so viel bedeutet, und menschlich soll es sein, das neue Europa, für dessen Entstehen Eduard Schewardnadse so viel geleistet hat.

Schewardnadse entgegnete:

*Sehr geehrte Frau Präsidentin, sehr geehrter Herr Töpfer, lieber Freund Hans-Dietrich, sehr verehrte Damen und Herren,*

*Berlin ist die Stadt und Deutschland ist das Land, die zu einem Teil meines Schicksal wurden. Wenn diese Namen genannt werden, sage ich mir, wenn es möglich wurde, die Berliner Mauer zu beseitigen und Deutschland wiederzuvereinigen, dann ist auch für meine Heimat noch nicht alles verloren. Gestern hat der Oberbürgermeister der Stadt Berlin in seiner Rede die Tatsache erwähnt, daß ein Georgier (Stalin) Deutschland in zwei Teile geteilt hat und daß der andere Georgier Deutschland wiedervereinigt hat, und ich habe ihm erwidert: »Sie sehen, ohne Georgier passiert nichts in der Weltgeschichte.« Selbst der Name, der diese Zeit prägt, zwingt mich zu einigen wichtigen Geständnissen. Ich habe über das Schicksal des geteilten Deutschland in der Zeit nachgedacht, wo dieses Nachdenken für ein Verbrechen gehalten wurde. Ich bin zu der Schlußfolgerung gekommen, daß die Einheit Deutschlands unvermeidlich, unumgänglich ist und das geschah in der Zeit, wo dieser Gedanke in der Sowjetunion dem Hochverrat gleichkam. Aber wenn man dem eigenen Volk und dem eigenen Land Glück und Gerechtigkeit wünscht, wie kann man es dem anderen Volk und dem anderen Land rauben?*

*In unseren privaten Gesprächen hat mein Freund Hans-Dietrich diese Nuancen immer ganz genau verstanden. Gerade das ist für mich der kategorische Imperativ Kants, gerade das fehlt der Welt heute, wo einige sich bemühen, aus den Ruinen der überwundenen Mauern neue Hindernisse zu errichten. Und ich möchte mich wieder auf den*

*Namen Kant berufen, um das Problem der Wechselbeziehung zwischen Moral und Politik zu berühren. Die Kritik der reinen Vernunft hat die faktische Möglichkeit des scheinbar Unmöglichen, nämlich der moralischen Politik theoretisch begründet. Sie hat nicht nur die Möglichkeit, sondern auch die Notwendigkeit, solche Politik als praktische Aufgabe anzusehen, begründet. Es ist bekannt, immer wenn das europäische und das Weltdenken in eine Sackgasse geriet, klang der leise Appell an: zurück zu Kant. Das bedeutete, daß das Denken, der Gedanke, die Idee, die Philosophie richtige Positionen einnehmen müssen, damit sie aus der Krisenlage einen Ausweg finden, vorwärts gehen können. Heute, wo die Menschheit gespannt nach wegweisenden Leuchttürmen sucht, wo sie einen Ausweg aus Labyrinthen der neuen Krise sucht, würde ich den alten Appell etwas anders, in folgender Weise aussprechen: Vorwärts zu Kant...*

Der nächste Termin in Berlin war ein ebenso bewegender. Ein gemeinsamer Gang durch das Brandenburger Tor. Weil Schewardnadses politische Gegner, georgische Swiadisten, bereits in der Nähe des Abgeordnetenhauses lautstarke Sprechchöre intoniert hatten, war das Brandenburger Tor abgesperrt worden, was den außergewöhnlichen Eindruck noch verstärkte. Die Presse war zu diesem Termin nicht ausdrücklich eingeladen worden, so daß nur ein paar Kameras und Fotografen jenseits des Brandenburger Tores auf die beiden Politiker warteten. Links und rechts waren die Absperrgitter von Menschentrauben gesäumt. Und dann gingen die beiden Männer, die mit ihrer Politik, mit ihrem Verständnis füreinander und mit ihrem Vertrauen zueinander innerhalb von fünf Jahren dieses Tor geöffnet hatten, durch die Mitte des Brandenburger Tores hindurch, begleitet vom begeisterten Applaus der Menschenmenge. Beide Politiker waren nicht mehr zu halten, und das Bad in der Menge begann. Hände wurden geschüttelt: von amerikanischen Studenten, japanischen Touristen, ostdeutschen Hausfrauen, westdeutschen Rentnern, und natürlich war auch der unvermeidliche Besucher aus Genschers Heimatstadt Halle, eine junge Dame, unter den Zaungästen. Wo immer man in die Gesichter der umstehenden Menschen schaute, sah man Freude und Dankbarkeit für diesen Fortschritt zum Frieden, den Genscher und Schewardnadse ihnen gebracht hatten, aber auch Ungläubigkeit, gerade diesen beiden so unverhofft bei einem Bummel durch Berlin, der nun ohne Mauer und Stacheldraht möglich geworden war, zu begegnen.

Danach hatten sich Genscher und Schewardnadse vorgenommen, vom Brandenburger Tor aus zum

Reichstag zu laufen, genau entlang der Linie, wo einmal die äußere Mauer in weitem Schwung vom Brandenburger Tor zum Reichstag gestanden hatte. Nun war nichts mehr davon zu sehen, außer den Kreuzen der an der Mauer und unten am Spreeufer erschossenen Opfer. Gut 200 Meter ist dieser Weg lang, wo früher feingeharkte Todesstreifen lagen, gut einsehbar für die Mauerschützen, die selbst oben auf dem Brandenburger Tor einen Ausguck hatten. Die beiden sprachen auf diesem kurzen Weg nicht miteinander, jeder war wohl in seine Gedanken vertieft, erlebte physisch den Fortschritt in Berlin, in Europa und für die Welt - hier hatte der amerikanische Präsident Ronald Reagan einmal gestanden und ausgerufen: »*Mr. Gorbatschov, open this gate!*« (Herr Gorbatschow, öffnen Sie dieses Tor!) Aber der gemeinsame Weg war noch nicht zu Ende. Durch den Südeingang ging es in das Gebäude des Reichstages und dort hinauf in das Eckzimmer im ersten Stock, von wo man heute den freien Blick auf das Brandenburger Tor hat und von dessen Balkon aus vor dem Fall der Mauer das ganze sogenannte antifaschistische Bollwerk in seiner ganzen Monströsität nur wenige Meter entfernt zu betrachten war.

Hier warteten Nanuli Schewardnadse, Manana, die Tochter, Andrej Schewardnadse mit seiner Frau und Barbara Genscher. Es wurde ein vertrauliches Gespräch der beiden Familien, selten hat man bei Genscher gespürt, daß er die Nähe zu einem Politikerkollegen so gesucht hätte wie zu diesem. Schewardnadse war es gewesen, der das Lächeln in die Sowjetdiplomatie eingeführt hatte. In einem Interview mit der Bunten Illustrierten am 29. April 1993 hatte Genscher, sich an diesen Besuch erinnernd, bemerkt: »*Ich habe in der Außenpolitik auf Personen gesetzt, diesen mein Vertrauen geschenkt, um darauf etwas aufzubauen. Ohne das geht es nicht. Außenpolitik darf die menschliche Komponente nicht gering schätzen.«* Hatte der Schweizer Philosoph Jacob Burckhardt recht, als er einmal in seinen ›Weltgeschichtlichen Betrachtungen‹ bemerkte: *»Die Geschichte liebt es bisweilen, sich auch einmal in einem Menschen zu verdichten, welchem hierauf die Welt gehört.«*?

Dann der Abschied für lange Zeit, ein herzliches Händeschütteln, ein Winken noch, schon war die Wagenkolonne wieder unterwegs nach Tegel, wo das georgische Sonderflugzeug wartete, um den Staatspräsidenten zurück zu seinen Problemen zu bringen. Die Dankbarkeit für seinen Part in der Weltgeschichte währte ein paar Besuchstage lang, nun mußte er sich, wie Zyniker bemerkten, wieder mit dem Chaos beschäftigen, das er selbst heraufbeschworen hatte.

## 9.

# Schewardnadses Rücktritt

Am 20. Dezember 1990, vier Tage vor Weihnachten, trat Eduard Schewardnadse als Außenminister der UdSSR zurück. Vor dem Kongreß der Volksdeputierten erläuterte er die Gründe seines Rücktritts:

»*Genossen Deputierte, ich halte die kürzeste und wohl bedrückendste Ansprache meines Lebens. Ich habe nicht um das Wort hierfür gebeten, da jedoch einige Abgeordnete darauf beharrten –, mir sind die Gründe bekannt, in deren Zusammenhang eben diese Gruppe auf meiner Ansprache beharrte - habe ich einen Redetext zusammengestellt und übergebe ihn dem Sekretariat des Kongresses. Die Abgeordneten können sich damit vertraut machen, was im Bereich der Außenpolitik von der Führung des Landes, dem Präsidenten und dem Außenministerium getan wurde, wie sich die äußeren Bedingungen für die Entwicklung des Landes, für die Verwirklichung der Pläne unserer Demokratisierung, für die Erneuerung des Landes, seine wirtschaftliche Entwicklung usw. gestalten. Manches ist getan worden, davon ist in dem Redetext die Rede.*

*Ich will eine kurze Erklärung aus zwei Teilen abgeben. Erstens: Gestern gab es Redebeiträge einiger Genossen. Das waren unsere Veteranen, die die Frage nach der Notwendigkeit der Annahme einer Deklaration aufwarfen, die dem Präsidenten und der Führung des Landes verbietet, Trup-*

pen in den Persischen Golf zu entsenden. Ungefähr so lautete der Inhalt. Und das ist nicht die erste und nicht die zweite, es gibt zahlreiche Bemerkungen und Erklärungen in Presse und Fernsehen usw. Und diese gestrigen Auftritte, Genossen, haben das Faß zum Überlaufen gebracht, ich sage es frei heraus, meine Geduld ist erschöpft.

Was geschieht denn letztendlich im Persischen Golf? Ich hatte wohl zehnmal, sowohl im Lande, als auch außerhalb des Landes Gelegenheit aufzutreten und das Verhalten, die Politik der Sowjetunion gegenüber diesem Konflikt zu erklären. Es ist eine ernsthafte, eine durchdachte Politik, die allen zeitgenössischen Standards in den Beziehungen zwischen Staaten entspricht. Wir haben mit dem irakischen Staat freundschaftliche Beziehungen, sie wurden in Jahren aufgebaut, diese Beziehungen werden beibehalten, aber wir besitzen keinerlei moralisches Recht, uns mit der Aggression gegen und der Annexion eines kleinen, schutzlosen Landes zu versöhnen. Dann müßten wir all das, was in den letzten Jahren von uns allen, vom ganzen Land, von unserem ganzen Volk, im Bereich der Durchsetzung der Prinzipien des neuen politischen Denkens getan wurde, durchstreichen. Das ist das erste.

Zweitens: Ich habe mehrmals erläutert - und davon hat Michail Sergejewitsch in seinem Redebeitrag vor dem Obersten Sowjet gesprochen –, daß die sowjetische Führung keinerlei Pläne besitzt. Ich weiß nicht, vielleicht hat irgendeine Gruppe einen gewissen Plan. Jetzt aber erhebt man in den offiziellen Organen des Verteidigungsministeriums den Vorwurf, daß der Außenminister einen solchen Plan besitzt, den Plan einer Verlegung von Truppen in den Persischen Golf, in diese Region. Ich habe erläutert und gesagt: Es gibt keinerlei solche Pläne, sie existieren nicht, und niemand schickt sich an, dorthin auch nur einen Sol-

*daten in Uniform zu schicken, auch nur einen Vertreter der Streitkräfte der Sowjetunion. Das wurde all denen gesagt, die es wissen wollten. Aber diese Frage, dieses Problem wird erneut aufgeworfen, und ich weiß, was in den Fluren des Kongresses vor sich geht.*

*Die dritte Frage: Dort wurde von mir gesagt, und ich bestätige dies und erkläre hier vor allen, daß, wenn die Interessen sowjetischer Bürger leiden sollten, wenn auch nur ein Mensch leiden sollte, wo dies auch immer sein mag, in welchem Land, nicht nur im Irak, sondern in jedem anderen Land, die sowjetische Regierung, das sowjetische Land die Interessen seiner Bürger verteidigen wird. Ich denke, daß hierin die Abgeordneten die sowjetische Führung unterstützen sollten.*

*Aber ich will eine andere Frage stellen. Entschuldigen Sie bitte, aber ist das alles zufällig, ist die Erklärung zweier Mitglieder des Parlaments zufällig, daß es gelang, den Innenminister zu entlassen, und daß die Zeit gekommen sei, mit dem Außenminister abzurechnen? Diese Erklärung ist im wörtlichen Sinne durch die ganze Weltpresse gegangen. Und auch durch unsere Zeitungen. Sind diese Kinder – ich nenne sie so, ihr Alter erlaubt mir dies, weil sie wirklich noch jung sind – wirklich solche kühnen Burschen, mit Schulterstücken eines Obersten, um solche Erklärungen an die Adresse des Ministers, an die Adresse der Regierungsmitglieder abzugeben?*

*Lesen Sie doch die Zeitung. Ich nenne keinen einzigen Namen heute. Und was ist daran erstaunlich? Man sollte ernsthaft darüber nachdenken, wer hinter dem Rücken dieser Genossen steht. Und was ist das? Warum widerspricht dem niemand, warum sagt niemand, daß dem nicht so ist, daß es keinerlei Pläne gibt. Aber vielleicht gibt es solche Pläne?*

*In diesem Zusammenhang erlauben Sie mir einige Worte über die persönliche Würde des Menschen, über persönliche Empfindungen zu sagen, weil viele denken, daß Minister, die dort sitzen, oder Mitglieder der Regierung oder Präsidenten oder irgend jemand anderes, daß man sie gepachtet hat, daß man sie pachten kann und mit ihnen umspringen kann, wie man es will. Ich meine, daß dies unzulässig ist. Ich erinnere in diesem Zusammenhang an den Kongreß. War dies vielleicht eine zufällige Erklärung? Hat sich doch auf dem Kongreß ein wahrer Kampf entfaltet. Ein überaus scharfer Kampf zwischen den Reformern – ich sage nicht Konservative, denn ich achte Konservative, sie haben ihre Ansichten, die für die Gesellschaft akzeptabel sind – und den Reaktionären, eben den Reaktionären. Und diesen Kampf, man muß es frei heraus sagen, haben die progressiven Mitglieder bzw. Delegierten, die progressiv gestimmten Delegierten des Kongresses gewonnen, haben ihn würdig durchgestanden. Ich will daran erinnern, daß gegen meinen Willen, ohne sich mit mir abzusprechen, mein Name, meine Person, meine Kandidatur in die geheime Abstimmung aufgenommen wurde. Ich erhielt 80 Gegenstimmen, 80 Delegierte stimmten dagegen. Was ist das? Ist das Zufall oder nicht? Ist es die untaugliche Politik, die vom Außenminister durchgeführt wird, oder gefällt die Person nicht? Das sind ernsthafte, mehr als ernsthafte Fragen. Ich meine trotzdem, daß dies kein Zufall ist.*

*Entschuldigen Sie, aber ich möchte an die Sitzung des Obersten Sowjets erinnern. Auf Initiative des Genossen Lukjanow wurde in die Tagesordnung unmittelbar vor der Sitzung die überaus ernsthafte Frage der Verträge mit der Deutschen Demokratischen Republik aufgenommen. Zufällig – ich war auf Reisen – wurden die Stellvertreter hinzugezogen. Und diese Personen befanden sich in einer vollkommen dummen Situation, und die Frage fiel durch. Ich mußte in der folgenden Woche sprechen. Und was kam dabei heraus? Dieselben Leute, die jetzt als Autoren auftreten, brachten schwere Anschuldigungen gegen den Außenminister vor, daß er einseitige Zugeständnisse gemacht habe, daß er inkompetent, ungebildet usw. sei. Es fand sich nicht ein einziger Mensch, einschließlich des Vorsitzenden, der widersprochen und gesagt hätte, daß dies einfach unehrlich ist, daß dies nicht angeht, daß man so in zivilisierten Staaten nicht verfährt. Mich hat das sehr mitgenommen. Es ging bis zu persönlichen Beleidigungen. Auch das haben ich ausgehalten. Genossen, es spielt sich eine Hetzjagd ab. Ich nenne nicht die Editionen. Was gibt es nicht für Publikationen! Die Gesellschaft ›Pamjat‹, was für Ausdrücke! Nieder mit der Gorbatschow-Clique! Dort werden noch Schewardnadse und noch einige Namen geführt. Das sind sie, die sogenannten Reformer! Es hat mich, Genossen, erschüttert, ich sage es frei heraus, die Ereignisse des ersten Tages haben mich erschüttert. Der Arbeitsbeginn unseres Kongresses. Mit einem Knopfdruck wurde das Schicksal nicht nur des Präsidenten, sondern auch der Umgestaltung und der Demokratisierung entschieden! Ist das vielleicht normal für die Demokratie? Ich sage es frei heraus, Genossen Demokraten, im weitesten Sinne dieses Wortes: Ihr seid auseinandergelaufen, die Reformer haben sich aus dem Staub gemacht. Die Diktatur greift an, das erkläre ich mit vollem Verantwortungsgefühl für diese Worte. Niemand weiß, was für eine Diktatur das sein wird und wer kommen wird, was für ein Diktator und was für eine Ordnung herrschen wird.*

*Ich will nun folgende Erklärung abgeben. Ich trete zurück. Reagieren Sie nicht und schimpfen Sie mich nicht aus! Wenn Sie so wollen, soll dies mein Beitrag, mein Protest gegen den Angriff der Diktatur sein. Ich drücke meine tiefe Dankbarkeit gegenüber M.S. Gorbatschow aus, ich bin sein Freund, ich teile seine Vorstellungen. Ich habe die Ideen der Umgestaltung und die Ideen der Erneuerung und Demokratisierung stets unterstützt und werde sie bis ans Ende meiner Tage unterstützen. Wir haben Großes auf der internationalen Bühne geleistet. Aber ich bin der Ansicht, daß dies meine Pflicht als Mensch, Staatsbürger und Kommunist ist. Ich kann mich nicht mit den Ereignissen, die sich in unserem Land abspielen, und mit den Prüfungen, die unser Volk erwarten, versöhnen. Ich glaube trotzdem, daß die Diktatur nicht durchkommen wird, die Zukunft gehört der Demokratie und der Freiheit! Vielen Dank.*

Am selben Tag erklärte der Bundesminister des Auswärtigen in Bonn:

*»Meine Gedanken gelten in diesen Stunden einem Mann, der in zahlreichen Begegnungen mein Freund geworden ist und dem ich hohe Wertschätzung entgegenbringe. Eduard Schewardnadse hat sich um die Einigung Europas, die Herstellung der Einheit Deutschlands große Verdienste erworben. Wenn sich der sowjetische Außenminister zu einem solchen Schritt entschließt, sollte dies für alle im Westen Anlaß sein, noch mehr die Notwendigkeit zu erkennen, daß alle Reformkräfte, vor allem auf wirtschaftlichem Gebiet, unsere breiteste Unterstützung verdienen.«*

Im »Kölner Stadtanzeiger« wie in vielen anderen deutschen Zeitungen war damals die Rede von einer Freundschaft ganz besonderer Art, und es hieß, die hohe Diplomatie mit ihren Ritualen, eher *zu verbergen als zu offenbaren gedacht*, sei nicht gerade ein natürlicher Nährboden für Freundschaften. Genscher und Schewardnadse hätten sich in ihrer politischen Arbeit gesucht und dabei irgendwie auch persönlich gefunden, vor allem in der besonderen Situation des Jahres 1990.

In Genschers New Yorker Hotelsuite gegenüber dem Glaspalast der Vereinten Nationen hatte Genscher im September 1985 die Wende vom Gromyko- zum Schewardnadse-Fan vollzogen. Damals war man sich in menschlicher Weise zum ersten Mal nähergekommen, was auch den Fotografen auffiel, die eifrig Bilder von geradezu ausgelassenen Außenministern nach Hause funkten. Aber es gab auch Regentage. So im Herbst 1986, als man sich in Wien aus Anlaß der soeben eröffneten KSZE-Folgekonferenz traf und zwischen Bonn und Moskau Helmut Kohls unseliges Newsweek-Interview stand, in dem er Gorbatschow mit Göbbels verglichen hatte.

Danach konnte es nur noch aufwärts gehen, und ein längerer Abend mit Familie Schewardnadse in Moskau und die Gegeneinladung zu den Genschers nach Pech hatten das Eis zum Schmelzen gebracht, längst nannten sie sich Hans-Dietrich und Eduard, und die öffentlichen Beweise ihrer Freundschaft waren ein Teil der Außenpolitik zwischen Bonn und Moskau in diesem deutschen Schicksalsjahr geworden. Aber dahinter stand das große persönliche Vertrauen und das sichere Wissen darum, daß keiner den anderen mit taktischen Spielchen übers Ohr zu hauen versuchte. Für die Deutschen war natürlich wichtig, daß trotz des Rücktritts von Schewardnadse die Kontinuität der sowjetischen Außenpolitik gegenüber Deutschland nicht gefährdet war. Deshalb verbreitete Genscher auch öffentlich seine Einschätzung, Schewardnadse werde weiter eine wichtige Rolle in seinem Land spielen. Und die Bundesregierung in Bonn ließ ihre Auffassung unter die Leute bringen, daß es dem sowjetischen Außenminister mit seinem spektakulären Rücktritt darum gegangen sei, auf dem Höhepunkt einer Krise die Position des Präsidenten Gorbatschow zu stabilisieren.

Bonn stimme mit dem westlichen Verbündeten in der Einschätzung überein, so hieß es, daß auf Gorbatschows Worte Verlaß sei, nach denen sich die sowjetische Außenpolitik auch künftig nicht ändern werde. Und Genscher wäre nicht Genscher gewesen, hätte er nicht sogleich dem neuen sowjetischen Außenminister Bessmertnych in einer Glückwunschbotschaft versichert, daß die deutsch-sowjetischen Beziehungen weiterhin »*nicht nur für unsere beiden Länder, sondern für ganz Europa von zentraler Bedeutung*« seien.

Die Einschätzung der westlichen Diplomaten in Moskau war ziemlich eindeutig. Zwar sei das Thema Krise am Persischen Golf der eigentliche Schwerpunkt der Rede Schewardnadses gewesen, offensichtlich habe der Außenminister aber einem Angriff der konservativen Kräfte zuvorkommen wollen, die behaupteten, Gorbatschow und er verletzten wie bei der Behandlung Deutschlands wiederum die vitalen Interessen der großen Sowjetunion. Zum Glück war das Votum der Volksdeputierten für die Unveränderlichkeit der sowjetischen Außenpolitik eindeutig, 1540 gegen 42 Stimmen bei 111 Enthaltungen. Und doch war für alle deutlich: Konservative Gruppen hatten einen Angriff auf Schewardnadses Außenpolitik gestartet, nicht zum ersten Mal, zum anderen drohte eine Diktatur, die die Reformpolitiker unter dem Druck der wachsenden Schwierigkeiten dazu zwingen wollte, das Handtuch zu werfen. Die Kampflage war klar: Revolution und Konterrevolution. Der Putsch lag bereits in der Luft. Noch war der »2+4«-Vertrag in Moskau nicht ratifiziert, noch standen Sowjettruppen in Ostdeutschland. Und jedermann konnte sich ausmalen, was es bedeuten würde, wenn in Moskau das neue Denken aufhören sollte.

Im deutschen Fernsehen fand Genscher beschwörende Worte: »*Es besteht kein Anlaß, an der Vertragstreue der Sowjetunion zu zweifeln, daß der »2+4«-Vertrag ratifiziert wird und daß man sich auch an die Verträge hält, die die Stationierung sowjetischer Streitkräfte für eine bestimmte Zeit auf deutschem Boden regeln.*«

Gorbatschow selbst war verbittert über den Rücktritt seines Mitarbeiters: »*Der Schritt war nicht mit mir abgesprochen. Derzeit ist vielleicht die schwierigste Zeit, und zu dieser Zeit zu gehen, ist nicht entschuldbar. Die sowjetische Außenpolitik wird unverändert bleiben.*«

Unter allen Reaktionen im Westen war Hans-Dietrich Genschers Äußerung die emotionalste: »*Ich habe sehr schmerzlich empfunden, daß dieser Mann, der mir wirklich zu einem Freund geworden ist und den ich als einen verläßlichen und verantwortungsvollen Partner schätzen gelernt habe, seinen Rücktritt erklärt hat. Wenn ein solch besonnener Mann wie Schewardnadse zurücktritt, dann muß die Welt aufhorchen und die Reformpolitik in der UdSSR noch mehr unterstützen.*« Dann setzte er sich hin und schrieb an den zurückgetretenen Freund: »*Ich wünsche mir sehr, daß Sie den Wandlungsprozeß in der Sowjetunion und die europäische und globale Friedenspolitik auch in Zukunft aktiv mitgestalten werden. Gerade in einer Phase kritischen und schwierigen Übergangs ist Ihr Beitrag nötig. Ich hoffe, Sie bald wiederzusehen. Kontinuität, Zuverlässigkeit und Berechenbarkeit und Mut waren die Konstanten Ihrer Politik. Ihr unverzichtbarer Anteil an der deutschen Einheit bleibt unvergessen. Das Vertrauen und die persönliche Freundschaft, die in diesen Jahren zwischen uns entstanden sind, zählen für mich zu den beglückendsten Erfahrungen meiner politischen Laufbahn. Ich bin sicher, daß daraus für beide Länder Impulse entstanden sind, die im Interesse Deutschlands, der Sowjetunion und ganz Europas auch weiterhin ihre Wirkung entfalten werden.«*

Am 13. Juni 1991 kam Schewardnadse zur Vorstellung seines im Rowohlt Verlag erschienen Buches »Die Zukunft gehört der Freiheit« nach Deutschland. Mit ihm war sein Nachfolger Alexander Bessmertnych zum ersten Mal zu vertraglich vereinbarten Konsultationen nach Bonn gekommen. Der Titel seines Buches war aus seiner Rücktrittsrede entnommen. Dabei hatte er sich vermutlich eines Satzes von Rosa Luxemburg erinnert, die einmal über die Freiheit gesagt hat: »*Freiheit, das ist immer die Freiheit des Andersdenkenden.*«

Schewardnadse hatte das so formuliert: »*Wir können miteinander streiten, fremde Meinungen anfechten, wir können versuchen, uns mit unseren Standpunkten durchzusetzen, doch wir dürfen dabei nicht vergessen, daß Menschsein bedeutet, auch das Recht des anderen auf sein Menschsein anzuerkennen. Man soll den anderen so behandeln, wie man selbst behandelt werden möchte*«. Und er übertrug das auch auf die gesamte Völkergemeinschaft: »*Wenn wir eine einheitliche, in den Grenzen eines Einheitsstaates lebende Nation sein wollen, müssen wir auch den anderen Völkern das Recht darauf zugestehen und dieses Recht sichern.«* Schewardnadse hatte übrigens in einem persönlichen Gespräch mit Gorbatschow von diesem die Versicherung erhalten, daß er ihn rein menschlich begreifen würde. Und dies war Anlaß, über die Erkenntnis eines anderen Reformers nachzudenken, Vaclav Havel, der über den Kommunismus gesagt hatte: *»Dem Menschen dient dieses System nur soweit, wie es nötig ist, damit der Mensch ihm dienen kann; was darüber ist, also alles, womit der Mensch seine im voraus bestimmte Stellung überschreitet, betrachtet das System als Angriff gegen sich selbst.«* Auch dagegen wehrte sich Schewardnadse mit seinem Rücktritt.

Und dann der Putsch. Wovor Schewardnadse in seiner Rücktrittsrede so eindringlich gewarnt hatte, dies trat am 19. August 1991 ein. Die Diktatur griff an. Keiner wird so leicht die rollenden Panzer in Moskau vergessen, das rußgeschwärzte weiße Haus, die Angst vor dem endgültigen Scheitern der Perestroika, die Angst vor der Umkehr vom neuen zum alten Denken – aber auch das andere Rußland wird unvergeßlich bleiben, die Reformer, die Demokraten, die sich mit Boris Jelzin an der Spitze aktiv zur Wehr setzten und dem Putsch widerstanden. Gesiegt freilich haben sie bis heute nicht.

Nach dem Putsch in Moskau und den nachfolgenden Wirren im August 1991 hatte Genscher versucht, telefonisch mit seinem ehemaligen Kollegen Eduard Schewardnadse zusammenzukommen. Am 21. August morgens um 9.30 Uhr war es endlich soweit: *»Ich grüße und umarme Dich, Eduard.«* Das waren die ersten Worte, die ein spürbar bewegter Bundesaußenminister in den Hörer rief. Der Außenminister hatte es immer bedauert, daß er sich mit »Eduard« nur mit Hilfe eines Übersetzers unterhalten konnte, der mit an seinem Schreibtisch saß, den Hörer hinter sein Ohr geklemmt. Aber diesmal schien das mühsame Hin- und Her-Übersetzen keinen der beiden zu irritieren. Genscher versicherte seinem ehemaligen Amtskollegen, daß seine Gedanken in dieser schweren Stunde bei ihm, seiner Familie und seinen Freunden seien und nicht nur er persönlich, sondern sich auch die Bürger und Bürgerinnen der Bundesrepublik der Demokratiebewegung in der Sowjetunion verbunden fühlten. Das Auswärtige Amt gab kurz danach eine Pressemitteilung heraus, in der es hieß, Schewardnadse habe sich für die Unterstützung, die Solidarität und die klare Reaktion der Bundesregierung und der Europäischen Gemeinschaft bedankt. Diese Haltung, so habe Schewardnadse gesagt, liege im höchsten Interesse der Sowjetunion. Sie sei die richtige Botschaft und das richtige Signal an die Kräfte der Demokratie und der Freiheit.

Es war durchaus ungewöhnlich, daß das Auswärtige Amt die Reaktion des sowjetischen Gesprächspartners während des Telefongesprächs offiziell verlautbaren ließ. Dies war besonders aufsehenerregend, weil Schewardnadse zu diesem Zeitpunkt schwerwiegende Folgen für seine persönliche Sicherheit befürchten mußte. Dennoch hatte er ausdrücklich darum gebeten, daß seine Worte der westlichen Öffentlichkeit bekannt gemacht würden. Über 20 Minuten hatte das Telefongespräch gedauert, zahlreiche weitere schlossen sich an.

Im September und Oktober 1991 wurde klar, daß sich die Reformkräfte durchsetzen würden und der Prozeß der Umgestaltung in der Sowjetunion unumkehrbar geworden war, wenn auch die gefährliche Krise andauerte. Am 20. November 1991 war es soweit. Schewardnadse wurde erneut zum sowjetischen Außenminister ernannt. Gorbatschow hatte ihm das Amt auf dem Höhepunkt der sich nach dem Putsch fortentwickelnden Krise angetragen.

Von seinem Privathaus in Wachtberg/Pech telefonierte Hans-Dietrich Genscher morgens um 9.30 Uhr mit seinem Freund Schewardnadse: »*Eduard, du weißt, wie ich mich freue, daß du jetzt wieder das Außenministerium leitest. Daß Gorbatschow dir das angeboten hat und daß du es auch noch angenommen hast, zeugt von großem Verantwortungsbewußtsein. Du weißt, wie sehr du, nicht nur bei uns in Deutschland, sondern auch in der Welt hochgeachtet bist, und ich würde mich freuen, wenn du uns hier in Deutschland bald besuchen könntest.*«

Schewardnadses Antwort: »*Hans-Dietrich, herzlichen Dank für deinen Anruf. Ich kenne und schätze unsere Freundschaft, und du kannst sicher sein, ich werde deine Einladung bald annehmen. Auch ich freue mich, jetzt wieder in amtlicher Eigenschaft mit dir zusammenarbeiten zu können.*«

In einem Gastkommentar für »Bild am Sonntag« hatte Genscher am 24. November 1991 hinzugefügt: »Ein Freund ist zurückgekehrt.« Und er schrieb: »*Als Eduard Schewardnadse im Dezember 1990 in einer leidenschaftlichen, engagierten Rede die reaktionären Intrigen der Obristen mit den goldenen Schulterstücken ›anprangerte‹ und von seinem Amt als Außenminister zurücktrat, wurde dies als eine deutliche Warnung aufgefaßt. Eduard Schewardnadse war in den Jahren seiner Amtszeit zum Symbol der Perestroika nach außen geworden – das neue Gesicht der Sowjetunion, eine ver-*

trauensbildende Maßnahme in Person. Uns beide hatte von Beginn unserer Zusammenarbeit die gemeinsame Überzeugung verbunden, daß die einstmals getrennten Teile Europas wieder zusammenfinden.

Während des »2+4«-Prozesses sind Eduard Schewardnadse und ich uns auch persönlich nähergekommen, wir sind Freunde geworden. Am Morgen des Putsches in Moskau fanden wir ihn dort, wofür er immer gekämpft hatte: Auf der Seite der Demokratie und des Rechts.

Der historische Umwandlungsprozeß in der früheren Sowjetunion braucht starke Persönlichkeiten, die ihn gestalten können. Eduard Schewardnadse ist eine solche Persönlichkeit. Es zeugt von großem staatsmännischen Verantwortungsbewußtsein, daß er sich dieser gewiß nicht leichten Aufgabe stellt. Als Kollege und Freund bezeuge ich dafür meinen größten Respekt. Ich freue mich auf Eduard Schewardnadse.«

Genscher wußte auch, daß die Berufung Schewardnadses im Einvernehmen mit Jelzin erfolgt war. Dies war ihm bedeutet worden, als er durch die sowjetische Seite von der bevorstehenden Ernennung informiert wurde. Genscher war davon überzeugt, daß es auch im Interesse Jelzins und aller sowjetischen Republiken läge, die sich zu einer neuen Union zusammenschließen wollten, wenn für diese Union ein Mann mit der Reputation und dem Vertrauen Schewardnadses spräche. Und diese Reputation und dieses Vertrauen genoß Schewardnadse in der ganzen Welt.

Im sowjetischen Fernsehen sprach sich Schewardnadse für eine Politik der allgemeinen menschlichen Werte und des Rechtes jedes Volkes auf freie Wahl der Gesellschaftsordnung aus. In der Sendereihe »Undiplomatische Gespräche« verteidigte er auch das Recht des deutschen Volkes auf Wiedervereinigung. Warum hätte dem deutschen Volk dies verweigert werden sollen? Das Prinzip des neuen Denkens sei inzwischen weltweit anerkannt.

Zu diesem Zeitpunkt war die Mauer in Berlin schon zwei Jahre lang offen, aber die Sehnsucht vieler enttäuschter Sowjetbürger nach der alten Ordnung, der imperialen Macht ihres Landes und der absoluten Herrschaft der einen Partei war unübersehbar.

Um so nachdrücklicher stand Genscher hinter Schewardnadse und war mit der Klassifizierung der Reformgegner als »reaktionär« nicht zimperlich. Auch die Bezeichnung Schewardnadses als »CBM-Person« (aus dem diplomatischen Sprachgebrauch entliehene Vokabel für confidence-building-measure, d.h. vertrauensbildende Maßnahme) sollte die weltweite Anerkennung und Unterstützung des sowjetischen Reformers eindeutig unterstreichen.

Übrigens hat Bundespräsident Richard von Weizsäcker den deutschen Außenminister zum Ende seiner Amtszeit in derselben Weise gekennzeichnet: als vertrauensbildende Maßnahme in Person.

## 10.

# Besuch in Tiflis – die Aufnahme diplomatischer Beziehungen

Am 10. März 1992 wurde Eduard Schewardnadse Staatspräsident von Georgien. Der im Mai 1990 erstmals demokratisch gewählte georgische Präsident Swiad Gamsachurdia war sehr schnell zum Diktator mutiert und in einem blutigen Bürgerkrieg, in dessen Verlauf halb Tiflis zerstört worden war, zu Jahresbeginn 1992 vertrieben worden. Von seiner Hochburg Westgeorgien aus ließ er jedoch mit seinen Gefolgsleuten das Land nicht zur Ruhe kommen. In Tiflis selbst herrschte eine strikte Ausgangssperre zwischen 23.00 Uhr nachts und 6.00 Uhr morgens. Trotzdem fielen ab und zu noch Schüsse. Wieder einmal hatte sich Schewardnadse in schwieriger Zeit als Staatslenker zur Verfügung gestellt, diesmal seiner Heimat Georgien, und er trug sichtlich schwer an dieser neuen Verantwortung. Vergessen wir nicht: Er selbst war es gewesen, der mit seiner Politik der Perestroika und des neuen Denkens zu diesem dramatischen und schließlich chaotischen Wandel in seiner sowjetischen Heimat beigetragen hatte. Dieses Chaos hatte nun auch unmittelbar sein eigenes Vaterland Georgien erreicht. Viele gab es in Moskau, allen voran die Vertreter der Armee, die der Machtfülle der ruhmreichen Sowjetunion nachtrauerten und niemanden mehr haßten als

Gorbatschow und Schewardnadse. Georgien hatte schon einmal nach dem Ersten Weltkrieg seine Selbständigkeit erlangt, und Deutschland hatte Anfang der 20er Jahre mehrere Jahre diplomatische Beziehungen mit Georgien unterhalten. In der Stalin-Zeit wurde, obwohl Stalin selbst Georgier war, dieses Gebiet wieder von den Sowjets einverleibt, aber der Freiheitswille und der Wille zur Unabhängigkeit blieb.

Als erstes Land der Europäischen Union nahm Deutschland am 13. April 1992 diplomatische Beziehungen zu Georgien auf. Erst fünf Wochen war Schewardnadse Staatspräsident. Genscher war persönlich nach Tiflis geflogen, um Schewardnadse auch nach außen hin sichtbar mit einem 24-stündigen Kurzbesuch zu unterstützen. Schewardnadse sprach von einer Mission der Hoffnung und des guten Willens, an die er große Erwartungen knüpfe. Genscher sei der erste ausländische Politiker, der Georgien nach der Wiedererlangung seiner Unabhängigkeit besuche. Er fügte hinzu, seine Beziehungen zu Genscher seien so, daß er ihn um nichts bitten werde. Der Bundesaußenminister kenne die Probleme der Republik und werde selbst bestimmen, in welcher Weise Deutschland zum Aufbau der Demokratie in Georgien beitragen könne. Vorab hatte Genscher erklärt, Deutschland sei wie alle anderen EG-Staaten am Aufbau einer stabilen Demokratie und an der Wiederbelebung der Wirtschaft in Georgien interessiert. Dazu wolle Bonn seinen Beitrag leisten.

Mit diesen Worten war das beiderseitige Vertrauen und das selbstverständliche Gefühl, sich auch in einer Krise aufeinander verlassen zu können, hinreichend beschrieben. Schewardnadse wäre es nie eingefallen,

Genscher um etwas zu bitten, und Genscher wäre es nie eingefallen, Schewardnadses unausgesprochener Bitte nicht zu entsprechen. Vor allem brachte Genscher Hoffnung. Hoffnung auf Stabilisierung der neuen Republik Georgien und Hoffnung in Gestalt des neuen deutschen Botschafters Günther Dahlhoff, der in Genschers Anwesenheit Schewardnadse sein Beglaubigungsschreiben überreichte. Die schnelle Entsendung eines Botschafters drückte den Dank für den Mann aus, der die deutsche Einheit herbeigeführt hatte. Schewardnadse versprach Wahlen innerhalb der nächsten sechs Monate, obwohl die Lage weiterhin hoffnungslos war. Düster war das Bild für die Wagenkolonne, die an diesem Aprilabend an den zerschossenen und ausgebombten Gebäuden rechts und links des Rustaweli-Boulevards vorbeifuhr. Erst vor ein paar Wochen war vom Giebel des Betonklotzes vor dem Parlament die letzte Stalinbüste abgeschlagen worden. Nichts sollte mehr an den berühmtesten Georgier und aber vor allem an den Dikator aus Moskau erinnern. Das frühere ZK-Gebäude war nun das Haus des Staatsrates, in dem Schewardnadse mit rund 50 führenden Männern seiner Kaukasusrepublik die schier unlösbare Aufgabe zu bewältigen suchte, über 100 politische Gruppen in Georgien zusammenzuführen.

Auch heute noch ist die Wirtschaftslage katastrophal, es fehlt an allem, selbst an Brot, Mehl und Zucker. Auf dem Schwarzmarkt sind die Preise unbezahlbar. Das Kilo Butter kostet 280 Rubel, einen halben Monatslohn. Schewardnadse stellte gegenüber Genscher verzweifelt fest: »*Unsere Volkswirtschaft ist zerstört. Es wird schwer sein, aus dieser chaotischen Si-*

*tuation herauszukommen.*« Genscher sagte großzügige Unterstützungen zu, Schewardnadse hatte schließlich für Deutschland die Einheit und für Georgien die Unabhängigkeit gebracht: »*Alles, was wir zusammen angefangen hatten, ist gelungen*«. Das sollte Mut machen. Als bei dem Toast auf den neuen Botschafter gleich ein halbes Dutzend Sektgläser zu Bruch gingen, wurde dies als ein gutes Zeichen gewertet.

Nur einmal zuvor, so konnte man sich im Auswärtigen Amt erinnern, war ein deutscher Botschafter nach Aufnahme diplomatischer Beziehungen so schnell zur Stelle gewesen, das war Harald Ganns am Tage der Unabhängigkeit Namibias. Diese ungewöhnliche Geste war Genschers Antwort auf eine ungewöhnliche Situation, ein Dankeschön an seinen Freund. Die besonderen Umstände wurden in der Schlagzeile der Westfälischen Nachrichten am 14. April 1992 treffend mit folgenden Worten charakterisiert: »Zwei Freunde stehen sich bei – Genscher eilt Schewardnadse auf dem Weg nach Europa entgegen.« In der Deutschen Tagespost Würzburg war zu lesen: »Ein heute seltener Fall in der Politik: Zwei einflußreiche Freunde gründen das Verhältnis ihrer Heimatländer auf die persönliche Beziehung«. Das Geschenk allerdings, das Schewardnadse Genscher an die Gangway zum Flugzeug bringen ließ, ein Löwe, mußte dableiben. Er befindet sich bis heute im Zoo von Tiflis. Eine kleine Tafel an seinem Käfig erinnert Besucher an den ersten Besuch Genschers in Georgien. Der hatte zum Abschied auf dem Flughafen in die laufenden Kameras des georgischen Fernsehens allen Georgiern mitgeteilt: »*Ich sage dem georgischen Volk, daß es in den Deutschen gute Freunde hat.*«

Im September 1992 kam der Tag, an dem Schewardnadse ein zweites Mal zurücktrat, diesmal als Staatspräsident und nur für einen Tag. Am 15. September 1992 wandte er sich blaß und ernst an das Parlament: »*Ich bin Beleidigungen und Erniedrigungen leid, sehe keinen Sinn mehr darin, Staatsoberhaupt zu bleiben.*«

Dann verließ er das Parlament. Seine Gegner hatten ihm vorgeworfen, eine Diktatur errichten zu wollen, Truppen umstellten das Parlament. 149 Abgeordnete stimmten gegen den Rücktritt, einer enthielt sich, keiner stimmte dafür. Am Abend nahm Schewardnadse seinen Rücktritt zurück.

## 11.

# Auch Genscher tritt zurück

Am 27. April 1992 erklärte nach 18jähriger Amtszeit der Bundesminister des Auswärtigen, Hans-Dietrich Genscher, vor dem Präsidium der Freien Demokratischen Partei in Bonn seinen Rücktritt. Seine Begründung lautete:

»Liebe Parteifreunde,
ich möchte Ihnen darlegen, was ich dem Vorsitzenden unserer Partei, Otto Graf Lambsdorff, und dem Vorsitzenden der F.D.P.-Bundestagsfraktion, Hermann Otto Solms, schon früher erklärt habe.

Seit langem habe ich mir vorgenommen, im Zusammenhang mit der Vollendung des achtzehnten Jahres im Amt des Bundesministers des Auswärtigen aus diesem Amt auszuscheiden.

Jetzt, am Ende der Osterpause, ist der Zeitpunkt gekommen, diesen Schritt zu tun. Ich habe heute morgen den Herrn Bundeskanzler gebeten, mich dem Herrn Bundespräsidenten zur Entlassung aus dem Amt des Bundesministers des Auswärtigen im Mai, in der Sitzungswoche nach dem 17. Mai 1992, vorzuschlagen. Den Herrn Bundespräsidenten habe ich in einem persönlichen Gespräch über meine Absicht informiert.

Am 17. Mai 1974 bin ich nach viereinhalb Jahren Tätigkeit als Bundesminister des Innern zum ersten Male zum Bundesminister des Auswärtigen ernannt worden.

Meine Entscheidung, aus der Bundesregierung auszuscheiden, habe ich mir nicht leicht gemacht. Sie ist das Ergebnis seit langer Zeit angestellter gründlicher und ernsthafter Überlegungen, die mich seit der Jahreswende 1990/1991 beschäftigt haben. Fast dreiundzwanzig Jahre gehöre ich jetzt der Bundesregierung an. Das ist mehr als die Hälfte des Bestehens der Bundesrepublik Deutschland. Das Amt des Bundesaußenministers übe ich achtzehn Jahre aus. Ich habe in dieser Zeit meine ganze Kraft dem Dienst für unser Land gewidmet.

Demokratie bedeutet die Übernahme von Verantwortung in öffentlichen Ämtern auf Zeit. Diesem Verständnis habe ich mit zunehmender Amtsdauer immer größere Beachtung geschenkt. In einer Fernsehdiskussion des »Mitteldeutschen Rundfunks« am 3. Januar 1992 habe ich darüber erstmals auch in der Öffentlichkeit gesprochen.

Die bis in die letzten Meinungsumfragen unverändert hohe Zustimmung zu meiner Politik im Amt des Bundesaußenministers hat es mir ermöglicht, dieses Amt eine für eine Demokratie außergewöhnlich lange Zeit auszuüben. 1983, 1987 und 1990 habe ich mit zunehmendem Erfolg bei den Bundestagswahlen mein Verbleiben im Amt des Außenministers zur Wahlentscheidung gestellt. Aber auch dafür gibt es in einer Demokratie eine zeitliche Grenze. – Ich halte nach so langer Amtsdauer die Zeit für gekommen, aus freiem Entschluß und in gebührendem Abstand vor der nächsten Bundestagswahl das Amt des Bundesministers des Auswärtigen aufzugeben. Andernfalls würde mit näherrückendem Bundestagswahltermin erneut die Frage nach dem Verbleiben im Amt über den Wahltag hinaus aufgeworfen werden. Ich will mit meinem Schritt auch ein Zeichen setzen für die Funktionsfähigkeit unserer demokratischen Strukturen und für das Demokratieverständnis derjenigen, die in unseren höchsten Staatsämtern Verantwortung tragen.

Es entspricht der verfassungsmäßigen Stellung des Bundeskanzlers, daß ich ihm schon am Beginn dieses Jahres in einem persönlichen Gespräch meine Absicht bekanntgegeben habe, im zeitlichen Zusammenhang mit der Vollendung des achtzehnten Dienstjahres als Bundesminister des Auswärtigen auszuscheiden. Während seines Osterurlaubs haben wir dann über die Einzelheiten meines Ausscheidens gesprochen.

Ich verlasse mein Amt in einem Zeitpunkt, in dem die Grundlinien der deutschen Außenpolitik eindeutig vorgegeben sind.

Das ist angesichts der dramatischen Entwicklungen in Europa und in der Welt wichtig für uns, aber auch wichtig für alle Nachbarn und Partner.

Am 15. März 1991 hat das am 3. Oktober 1990 vereinte Deutschland seine volle Souveränität erlangt.

Am 25. September 1991 habe ich vor den Vereinten Nationen den Standort und die Außenpolitik des vereinten Deutschlands erläutert.

Der außenpolitische Weg Deutschlands ist klar vorgezeichnet, die Festlegung unserer Außenpolitik auf Europa ist unumkehrbar. Wir setzen europäische Gesinnung gegen neuen Nationalismus. Wir setzen auf die Werte unseres Grundgesetzes und auf Verantwortungspolitik gegen Machtpolitik. Wir wissen, daß es dem Westen Europas auf Dauer nicht gut gehen würde, wenn es dem Osten Europas auf Dauer schlecht ginge. In den Vereinten Nationen wollen wir nach Änderung unserer Verfassung alle Rechte und Pflichten eines Mitglieds übernehmen.

Nach der Bundestagswahl 1990 konnten wichtige europäische Weichenstellungen unter maßgeblicher Mitwirkung und in den meisten Fällen auf Initiative der deutschen Außenpolitik getroffen werden.

Der Europäische Rat in Maastricht, die Entscheidungen des Bündnisses bei der NATO-Außenminister-Konferenz in Kopenhagen und bei der NATO-Gipfelkonferenz in Rom, der erstmalige Zusammentritt des KSZE-Ministerrats in Berlin, wichtige Schritte zur Institutionalisierung des KSZE-Prozesses und die neue Aufgabenstellung für unser Bündnis durch die Einrichtung des Nordatlantischen Kooperationsrates mit einem Sicherheitsraum von Vancouver bis Wladiwostok haben zusammen mit der Entscheidung für die Europäische Union und die neue Rolle der WEU die tragenden Elemente für eine gesamteuropäische Architektur geschaffen, in der sich die vorhersehbaren und auch die nicht vorhersehbaren Entwicklungen, vor allem in Ost- und Südost-Europa in einem gesamteuropäischen Stabilitätsrahmen vollziehen können. Die deutsch-französische Freundschaft hat sich in den europäischen Entscheidungsjahren seit 1989 erneut bewährt – unsere gemeinsame Zusammenarbeit mit Polen trägt unserer gesamteuropäischen Verantwortung Rechnung.

Ich freue mich, daß die USA, mit denen uns heute ein Maß an Übereinstimmung verbindet, wie kaum jemals zuvor, mit ihrem Engagement im Bündnis, im Nordatlantischen Kooperationsrat und in der KSZE auch in Zukunft ihre Verantwortung in Europa wahrnehmen werden. Die von uns mit Nachdruck vertretene Assoziierungspolitik der Europäischen Gemeinschaft mit den neuen Demokratien Mittel- und Südost-Europas und die neuen Kooperationsmodelle für die Beziehungen mit den Nachfolgestaaten der früheren Sowjetunion werden diese Architektur immer mehr ausfüllen. Mit unseren unmittelbaren Nachbarn im Osten, mit Polen und mit der CSFR, mit dem großen russischen Volk, mit den anderen Staaten Mittel-, Südost- und Osteuropas verbinden das vereinte Deutschland feste Bande der Freundschaft und des Vertrauens.

Die Ratifizierung der Verträge mit Polen und die Unterzeichnung der Verträge mit der CSFR, Ungarn, Bulgarien und zuletzt, am 21. April 1992, mit Rumänien haben unseren Beziehungen zu unseren unmittelbaren und mittelbaren Nachbarn im Osten Zukunftsperspektiven gegeben. Mit dieser gesamteuropäischen Politik lösen wir unsere im Jahre der Einheit abgegebene Erklärung ein, ein europäisches Deutschland zu schaffen.

Die entschlossenen Schritte zur konventionellen Abrüstung und die von uns vorgeschlagene Beseitigung der nuklearen Kurzstreckenraketen und der nuklearen Artilleriemunition ebenso wie die bevorstehende Einigung über die weltweite Beseitigung der chemischen Waffen werden die internationalen und die europäischen Beziehungen zunehmend entmilitarisieren und ein immer stärkeres politisches, ökonomisches, soziales und ökologisches Stabilitätsverständnis durchsetzen.

Wir stellen uns unserer Verantwortung bei der Bewältigung der globalen Herausforderungen, bei der Überwindung des Nord-Süd-Gegensatzes genauso wie bei dem weltweiten Schutz der natürlichen Lebensgrundlagen und bei der Verhinderung der Proliferation der Massenvernichtungswaffen.

Liebe Parteifreunde,

unserem Land, der Einigung Europas und dem Weltfrieden werde ich genauso wie unserer liberalen Sache auch in Zukunft dienen. Das ist nicht nur als Mitglied der Bundesregierung möglich. Ich werde als Bundestagsabgeordneter mit dem gleichen Engagement und mit der gleichen Verantwortung arbeiten wie bisher. Dabei will ich mich der inneren Vereinigung Deutschlands noch stärker widmen, als mir das im Amt des Außenministers möglich war. Jeder wird verstehen, daß mich diese Frage besonders bewegt. Ich weiß, was alles noch zu tun ist, um diese Aufgabe politisch, wirtschaftlich, sozial, vor allem aber menschlich zu bewältigen. Gerade wir Liberalen müssen uns dieser Verantwortung stellen.

Große Dankbarkeit empfinde ich, daß es mir vergönnt war, eine so lange Zeit in zwei der wichtigsten Ministerämter unserem Volk dienen zu dürfen. Daß ich als ein in Halle an der Saale geborener Deutscher meinen Beitrag zur deutschen Einheit an verantwortlicher Stelle leisten konnte, bedeutet für mich die Erreichung meines großen außenpolitischen Zieles und die Erfüllung meines sehnlichsten politischen Wunsches.

Ich habe Stunden großer Befriedigung miterleben dürfen, mir sind aber auch Enttäuschungen und bittere Erfahrungen nicht erspart geblieben. – Mit Trauer und Bitterkeit gehen meine Gedanken immer wieder zu den Olympischen Spielen in München zurück, als es uns nicht möglich war, das Leben der israelischen Sportler, die unsere Gäste waren, zu retten. Auf dem Balkon der Botschaft in Prag hatte ich die aufwühlendsten Empfindungen meines politischen Lebens. Die Unterzeichnung des ›Zwei-Plus-Vier-Vertrages‹ in Moskau empfinde ich als das mich am tiefsten bewegende Ereignis in meiner ganzen Amtszeit. Ich bin als Außenminister vielen Persönlichkeiten aus vielen Ländern begegnet, mit denen mich heute eine feste Freundschaft verbindet. Auch dafür bin ich dankbar. Ich nehme aus meiner Arbeit die Verantwortung mit, mit noch größeren Anstrengungen für die Einigung in der Europäischen Gemeinschaft, für die deutsch-französische Verständigung, für die Zukunftsfähigkeit des Atlantischen Bündnisses und für eine gesamteuropäische Architektur, und damit für die Einheit und Freiheit des ganzen Europas zu arbeiten.

Ihnen allen, liebe Kolleginnen und Kollegen im Präsidium, im Bundesvorstand und in der Bundestagsfraktion der F.D.P., den Mitgliedern und Wählern unserer Partei, und darüber hinaus den vielen Bürgerinnen und Bürgern, die mich in guten und in schweren Zeiten unterstützt und ermutigt haben, danke ich für Ihren Beistand, für Ihre Hilfe und Ihre Verbundenheit in diesen fast dreiundzwanzig Jahren. Nur so war es mir möglich, meinen Weg so zu gehen, wie ich ihn gegangen bin.

Ich möchte Ihnen allen versichern, daß mein Ausscheiden aus dem Regierungsamt keinen Abschied von der Politik bedeutet. – Sie dürfen, und Sie müssen auch in Zukunft mit mir rechnen. Ich werde von der Unabhängigkeit eines Abgeordneten verantwortungsvoll Gebrauch machen. Auch in Zukunft werde ich die von uns mitgetragene Bundesregierung bei der Bewältigung ihrer schweren Aufgabe unterstützen.

Unserer liberalen Partei, der ich im siebenundvierzigsten Jahr angehöre, werde ich auch in Zukunft mit allen meinen Kräften dienen. – Die F.D.P. hat hervorragende Persönlichkeiten, und sie hat große Chancen. Wir müssen diese Chancen nur wahrnehmen, allein unserer liberalen Sache verpflichtet: mit Festigkeit und kämpferisch.


Weltweit stellte sich Überraschung und Bedauern über Genschers Rücktritt ein. Anders als beim Rücktritt von Schewardnadse, mit dem seit längerem gerechnet worden war, überraschte diese Nachricht sehr. Das russische Außenministerium konnte zunächst keine Stellungnahme abgeben: »Wir brauchen noch etwas Zeit, um diese Nachricht zu überdenken«, hieß es aus Moskau. Eduard Schewardnadse beschrieb dann kurze Zeit später ausführlich seine Gedanken zum Rücktritt seines langjährigen Amtskollegen:

»Die Rücktrittserklärung von Hans-Dietrich Genscher traf mich völlig unerwartet und betrübte mich sehr. Das Diplomatische Corps der Welt hat damit, meiner Meinung nach, in der Welt- und europäischen Politik einen Kollegen von Weltrang verloren. Ich kenne die Motive nicht, die ihn zu diesem Schritt bewogen haben, kann aber erklären, daß er eine der prägendsten und populärsten Persönlichkeiten in der Geschichte der Diplomatie ist. Ich sage das nicht deshalb, um meinem guten alten Freund angenehme Worte zu sagen. Die Zusammenarbeit mit ihm war für mich lehrreich und ein außerordentlicher Glücksfall. Lange sagte man, in der Politik gebe es keine persönlichen Beziehungen, sondern nur nationalstaatliche Interessen. Wir verteidigten dieses Prinzip, indem wir für die Interessen unserer Staaten eintraten. Aber im Prozeß dieser schwierigen schöpferischen, ich würde sagen, filigranartigen Arbeit, besonders bei der Lösung des Problems der Vereinigung Deutschlands, bahnten sich nichtformelle, persönliche Beziehungen an, die bedeutend dazu beitrugen, das Vertrauen, die gegenseitige Achtung und die Freundschaft zwischen unseren Ländern zu festigen

Ich erlaube mir, eine kleine eigentlich unumstößliche Regel zu verletzen und enthülle eine Einzelheit aus einem unter Vier-Augen-Gespräch, das am 21. Februar dieses Jahres in der deutschen Botschaft in Wien stattfand. An diesem Tag sagte der Vizekanzler zu mir: ›Jeder wahre Politiker trägt das Gefühl einer verschärften Verantwortung für das Schicksal seines Volkes in sich. Wenn Sie ihrem Ruf folgen, können wir Europäer, wenn bestimmte Faktoren vorhanden sind, Sie unterstützen.‹

Bei uns in Georgien haben wir diese Faktoren geschaffen, als wir unsere Ziele, unsere Treue zu den Idealen der Demokratie und der in Europa und der ganzen zivilisierten Welt allgemein anerkannten Werte und Normen für eine verantwortungsvolle staatspolitische Haltung verkündeten. Danach folgte die Aufnahme Georgiens in die KSZE, seine Anerkennung durch die Mitgliedsstaaten der Europäischen Gemeinschaft und andere Länder sowie die Erklärung, sie wollten diplomatische Beziehungen zu Georgien herstellen. Ich verrate kein großes Geheimnis, wenn ich sage, daß neben Genscher auch unsere anderen Kollegen, Staatsmänner aus England, Frankreich, den USA, aus

Portugal, Italien und Spanien, die ganze Gemeinschaft der Politiker, die sich in der Epoche des Zusammenbruchs der Mauern des kalten Krieges gebildet hat, dazu beigetragen haben.

Bei dem Gespräch im Februar in Wien sagte Genscher, Georgien könne einen würdigen Platz im Mosaik Europas und der Welt einnehmen. Ein Herausfallen des kleinen, aber farbenfrohen und dauerhaften georgischen Fragments, das fähig ist, die benachbarten Bestandteile – nahe und ferne – zusammenzuhalten, könnte große Unannehmlichkeiten für die Region und für Europa mit sich bringen. Hiermit hat Genscher Georgien in den weltweiten und den gesamteuropäischen Kontext gestellt. Das entsprach auch unserem in den Jahren unserer Zusammenarbeit herausgearbeiteten Credo, daß auch ein kleines Land einen würdigen Beitrag zur Gestaltung der großen Politik und zur Lösung der globalen Probleme leisten kann.

Wir haben in den letzten Monaten häufig im Detail die Situation erörtert, die in der postkommunistischen Epoche entstanden ist. Besonders sorgfältig diskutierten wir das Problem der inneren Konflikte, das sich unserer Meinung nach in eine Bedrohung für den Weltfrieden und die internationale Sicherheit verwandeln kann. Gemeinsam mit dem Vizekanzler haben wir immer den optimalen Weg zur Lösung auch der für unsere Staaten schwierigsten Fragen gefunden. Bis heute bin ich davon überzeugt, daß die Vereinigung Deutschlands eine Verwicklung verhindert hat, die einen dritten Weltkrieg hätte auslösen können. Die Vereinigung bahnte den Weg zur Verwirklichung der europäischen Idee. In Ottawa, wo der Zwei-plus-vier-Mechanismus geformt wurde, haben wir viel über die Zukunft gesprochen, auch in Bonn, wo dieser Mechanismus in Gang gesetzt wurde. In Paris und Washington, wo er auf volle Touren kam und schließlich in Moskau, wo er das gewünschte Ergebnis zeitigte. Wir haben darüber unsere Gedanken ausgetauscht in der Hauptstadt des unabhängigen Namibia, in Windhuk, und in der Heimatstadt des Vizekanzlers, in Halle. Ich könnte viel davon erzählen, wie oft mich Genscher nach meiner Heimat, nach ihrer Geschichte, Kultur und Gegenwart gefragt hat. Ich erinnere mich auch an das, was ich antwortete. Europa hat sich zweimal von Georgien abgewandt und beide Male kostete das meinem

Land seine Staatlichkeit. Das erste Mal war das Anfang des 18. Jahrhunderts, als es die Hilfe der europäischen Monarchen erbat und nicht erhielt. Und das zweite Mal Anfang der 20er Jahre unseres Jahrhunderts, als die demokratische Republik durch eine äußere Kraft erdrückt wurde. In beiden Fällen mußte dafür ein hoher Preis gezahlt werden – nicht nur von Georgien

Heute, da unsere Staatlichkeit wiedergeboren wurde, glauben wir, daß sich Europa dieses Mal nicht von uns abwenden wird. Und der beste Beweis dafür ist, daß ein Politiker von Weltrang wie Genscher als erster die nicht einfache Reise nach Tiflis unternahm, um durch seine Anwesenheit zu dokumentieren, daß sich Georgien und Europa aufeinander zuzubewegen beginnen. Gleichwohl bin ich überzeugt, daß sich Genscher nicht von der großen Politik verabschiedet, richtiger gesagt, nicht verabschieden kann. Ich bin weiterhin davon überzeugt, daß dieser Politiker von Weltrang, wo auch immer er wirkt, seinen Platz finden wird und noch vieles im Interesse der Weltzivilisation und für sein Volk leisten wird. Und schließlich bin ich davon überzeugt, daß er immer ein Freund Georgiens, ein Freund des georgischen Volkes bleiben wird.« (Übermittelt von RIA – Nowosti)

Dieser Text wurde in der Süddeutschen Zeitung abgedruckt. Doch dies war nicht die einzige Würdigung Schewardnadses für seinen Freund. In der ›Welt am Sonntag‹ vom 3. Mai 1992 schrieb er folgende Sätze:

## Genschers Leistung ist ein Vermächtnis für die Zukunft

»Ich mag es nicht, in der Vergangenheit zu reden und zu denken. Zumal wenn es um Menschen geht, die ich zu meinen Freunden zählen darf. Bei Freundschaften liegt alles in der Gegenwart und in der Zukunft. Die Vergangenheit legt nur die Meßlatte, die wir in der Gegenwart überwinden müssen.

Mit Hans-Dietrich Genscher haben wir immer die Meßlatte auf Rekordhöhe gelegt, und jedesmal höher als zuvor. Manchmal bestimmte er die Höhe, manchmal ich. Aber immer dann, wenn sie für uns unüberwindbar schien, haben wir uns das offen gesagt und begonnen, für beide Seiten akzeptable Lösungen zu suchen.

Und wir haben sie immer gefunden. Ich meine, daß wir alle Höhen genommen haben.

Ich muß gestehen: Die Nachricht meines Freundes Hans-Dietrich Genscher war für mich ebenso überraschend wie bedauerlich. Ich habe versucht, mich an die Details und Nuancen unserer Gespräche in Tiflis am 12. und 13. April zu erinnern, um herauszufinden, ob es darin einen – und sei es noch so kleinen – Hinweis auf die bevorstehenden Ereignisse gab. Ich habe ihn nicht gefunden.

Genscher blieb auch bei diesem Entschluß er selber. Ein Mann der Überraschungen, aber, was am allerwichtigsten ist: menschlich und taktvoll, denn er wollte auch nicht den geringsten Zweifel in die Atmosphäre seines Besuches in Georgien einbringen.

Jemand, der schon einmal von einem wichtigen Amt zurückgetreten ist, weiß: Wie bedeutend die Motive eines Rücktritts auch sein mögen, dieser Schritt ist ungeheuer schwierig. Umso größer sollte die Achtung sein, mit der wir alle diesen Schritt würdigen, wie bedauerlich er auch sein mag.

Alles, was Hans-Dietrich Genscher in der großen Politik geleistet hat, zählt nicht nur in der Vergangenheit. Es ist ein Vermächtnis für die Zukunft. Das beste Beispiel dafür scheint mir die Vereinigung Deutschlands und die Verwirklichung der europäischen Idee zu sein. Ich denke unendlich oft an die kompliziertesten Hindernisse, die wir im Verlauf der ›2+4‹-Gespräche überwinden mußten. Ausschlaggebend für mich ist und bleibt, daß diese Verhandlungen von einem Ergebnis gekrönt wurden, das mehrere Generationen sehnlichst gewünscht hatten.

Es mag scheinen, daß im gigantischen Mosaik der Europa- und Weltpolitik kein Platz für meine Heimat Georgien ist. Aber Genscher hat viel besser als viele meiner europäischen Freunde den Stellenwert Georgiens für Europa erkannt. Er hat die Bedeutung verstanden und einen ungewöhnlichen wie beachtlichen Schritt getan: Er besuchte Georgien in einer der schwierigsten Zeiten und erklärte: ›Wenn Europa zweimal dieses Land im Stich gelassen hat, so wendet es sich ihm jetzt zu.‹ Als erstes tut dies Deutschland.

Damit spreche ich nur einen kleinen Ausschnitt der glänzenden Leistungsbilanz des Herrn Bundesaußenministers an. Aber wir wollen nicht vergessen: Das Große besteht aus Kleinem, und im Kleinen spiegelt sich das Große.

Ich habe mir seinerzeit beim Bemühen, die deutsche Selbstbestimmung zu unterstützen, viele Blessuren geholt. Zu den Gründen, die zu meinem Rücktritt im Dezember 1990 (als sowjetischer Außenminister, d. Red.) geführt haben, zählte solch ein Element – verbitterte Attacken seitens unserer ›Ultras‹. Ich glaube hingegen nicht, daß dieses Schicksal meinem Freund beschert ist, daß sein Rücktritt, wie von meinen Opponenten in Georgien behauptet wird, mit seinem Besuch in Tiflis und der Aufnahme diplomatischer Beziehungen mit meinem Land zusammenhängt.

Das Böse kennt keinen Humor, und die Güte ist immer freundlich. Als Träger des Ordens »Lieber Augustin« (Anfang des Jahres 1992 von der Wiener Faschingsgesellschaft an Schewardnadse und Genscher verliehen, d. Red.) verstehen wir beide Spaß. So hat mich Genscher einmal in die Querelen seines Wahlkampfes hineingezogen und sagte dann zum Spaß, daß er mir auch bei meiner Wahl in Georgien helfen werde.

Aber im Ernst: Ich möchte die Politik Genschers nicht nur in der Vergangenheit betrachten. In der Politik wird es farbloser ohne ihn sein, und für ihn ohne die Politik. Ich glaube, so urteilen zu können, weil ich sehr gut seinen Charakter kenne. Deshalb bin ich sicher: Genscher bleibt...«


So interessant es auch erscheint, daß hier zwei Außenminister zurücktraten, was nicht häufig geschieht, so waren die Beweggründe und die historische Situation dennoch gänzlich verschieden. Schewardnadse hatte auf dem Höhepunkt seiner Macht als Mitglied des Politbüros und sowjetischer Außenminister die neue Ordnung der Welt zum obersten Prinzip seines Handelns gemacht, ohne daß er die Auswirkungen auf die Sowjetunion hätte erahnen können, ganz zu schweigen vom Schicksal seines eigenen Landes innerhalb dieser Union. Auch im Chaos des Putsches in Moskau und angesichts so vieler Widersacher im eigenen Land verlor er nie die Überzeugung, das Richtige zu tun. Als das Chaos – mit verursacht durch die neue Politik – am größten war, kehrte er zurück in seine Heimat, in der er nach einem Bürgerkrieg zwar Staatspräsident wurde, aber ein Präsident ohne Staat war.

Ganz anders bei Hans-Dietrich Genscher, der nach 18jähriger Amtszeit auf der Höhe der Popularität und als Macher der deutschen Einheit zu Hause wie draußen in der Welt beliebt und geachtet war und auf sein politisches Erbe zurückblicken konnte, das es zwar noch zu konsolidieren galt, dem aber die Zukunft gehörte. Und doch waren beide denselben Weg gegangen, denselben Überzeugungen gefolgt, derselben Politik verpflichtet. Einer Politik, die den Menschen in den Mittelpunkt aller Überlegungen und Entscheidungen stellte. Das Prinzip Menschlichkeit war beiden Leitwort für jegliches Handeln gewesen.

## 12.

## Fasching in Wien

Eine Episode soll nicht unerwähnt bleiben, die den Sinn für Humor der beiden Politiker verdeutlicht. Während des Wiener Faschings im Februar 1992 wurden der deutsche Bundesaußenminister Hans-Dietrich Genscher und der Außenminister a. D. der Sowjetunion, Eduard Schewardnadse, im Wiener Rathaus im Rahmen eines großen Faschingsballes mit dem Karnevalsorden »Lieber Augustin« der Wiener Faschingsgesellschaft ausgezeichnet. Genscher war dieser Orden bereits ein Jahr zuvor, in der Faschingssaison 1991, zuerkannt worden - wegen des Golfkrieges konnte der Orden aber nicht überreicht werden. Dieser Faschingsorden will an eine bekannte Gestalt aus der Wiener Sagenwelt erinnern: Der Volkssänger Augustin soll, so will es der Volksmund, im 17. Jahrhundert während einer Pestepidemie in Wien in einer Grube mit Pesttoten gefallen sein, ohne aber dabei irgendeinen Schaden genommen zu haben. Im Gegenteil: unmittelbar nach diesem Vorkommnis sei die Seuche in Wien erloschen.

So kam es, daß Genscher und Schewardnadse gemeinsam eine närrische Auszeichnung aus der Hand des Wiener Bürgermeisters Helmut Zilk entgegennehmen konnten und beide sich dafür mit launigen Reden

*»Genschman« und »Schewi«: Zwei, die sich gut verstehen...*

bei den Wiener Narren bedankten. Genscher erinnerte daran, daß Musik und Diplomatie untrennbar zusammengehören: *»Das wissen wir seit Metternich, als hier in Wien der Kongreß tanzte. Musik und Diplomatie verfügen über die Fähigkeit, über die Pestgruben des Alltags hinwegzukommen und Brücken über Gräben zu schlagen, ist eine Tradition, die von der Wiener Faschingsgesellschaft mit der alljährlichen Verleihung des ›Lieben Augustins‹ hochgehalten wird.«* Und mit Blick auf seinen Ordensbruder aus Georgien fügte er nicht ohne Nachdenklichkeit hinzu: *»Der ›Liebe Augustin‹ ist eine Auszeichnung, die verliehen wird für Verdienste um die Förderung von Geist, Humor und Menschlichkeit.«* Und diesen Gedanken mit der Bemerkung weiterführend: *»Das freut einen Politiker natürlich besonders, denn diese Verbindung mit der Politik ist ja etwas Außergewöhnli-*

*ches. Wie wir alle wissen, ist normalerweise dem Geist und dem Humor, zuweilen auch der Menschlichkeit, die souveräne Mißachtung der Regierenden sicher.«* Er schloß mit dem Schlachtruf: *»Kampf den Bürokraten, weg mit den ewig Gestrigen, fort mit den Hasenfüßen - ihre Festungen wollen wir stürmen. Anschließend übernehmen Eduard Schewardnadse und ich die Friedensverhandlungen.«*

Man sagt, daß Kinder und Narren immer die Wahrheit sagen. So wurde aus einer närrischen Versammlung und der Verleihung eines Karnevalsordens an zwei Außenminister ein Bekenntnis für die Ziele der Bruderschaft vom »Lieben Augustin«, die sich neben dem Hochhalten des Humors vor allem der Sache der Menschlichkeit verschrieben hat.

## 13.

## Die Taufe

Seine politische Karriere begann Eduard Schewardnadse als Komsomol-Funktionär. 1961 folgte der Aufstieg zum Kreisparteichef. Dann von 1964 bis 1972 Innenminister und Polizeichef von Georgien. Erster Sekretär der Kommunistischen Partei Georgiens. Ab 1976 Mitglied des Zentralkomitees der KPdSU. Seit 1978 Kandidat des Politbüros. Am 1. Juli 1985 Wahl in das Politbüro. Am 2. Juli 1985 Ernennung zum Außenminister der UdSSR. Ein Mann, der unumwunden zugibt: Kommunismus war meine Religion. Ein solcher Mann will sich am Ende einer solchen Karriere taufen lassen? Hatte er sich vom kommunistischen Saulus zum christlichen Paulus gewandelt?

Vera Tschechowa hat ihn in ihrem Film dazu befragt: *»Es ist ein langer und schwieriger Weg von der kommunistischen Ideologie zur christlichen Religion. Doch es ist immer gut, wenn sich dieser Prozeß entwickelt. Ich kann nicht sagen, daß ich besonders fanatisch im Glauben bin. Wie sehe ich Gott? Ich sehe ihn so, daß es etwas Höchstes gibt, welches oben ist und uns alle sieht und dieses Oberste wird allen das geben, was ihnen zusteht. Jeder Mensch muß daran denken, daß letzten Endes die Rechnung kommt. Ich bemühe mich um einen Dialog mit diesem*

*Obersten, alle meine Schritte, meine Prinzipien mit ihm abzusprechen.«*

Der christlich-orthodoxe Patriarch Ilja II., Oberhaupt der georgischen Kirche, ein freundlicher Mann mit wachen Augen und einer sanften Stimme, war es, der im Herbst 1991 Schewardnadse in der kleinen und düsteren Kathedrale von Tiflis auf den Namen Georgij taufte – zu Ehren des Heiligen Georg, der ein Symbol Georgiens darstellt und für den Kampf dieses Landes gegen das Böse steht. Ilja II. selbst gilt als ein politischer Anhänger Schewardnadses, soweit das einem Mann der Kirche erlaubt ist. Wie alle Georgier liebt er sein Heimatland und verleiht seiner Hoffnung in die Politik Schewardnadses mit den Worten Ausdruck: *»Ich denke, mit Hilfe des Heiligen Georg wird Eduard Georgij Schewardnadse siegen.«* Gefragt, wie er sich den Wandel zum Glauben erklärt, meint er: *»Wissen Sie, ich denke, Schewardnadse hat einen schwierigen Weg zurückgelegt, einen Golgata-Weg. Und dieser schwierige Weg hat ihn zu Gott geführt. So wie er sagte, wenn er die Hilfe Gottes nicht gehabt hätte, hätte er viele schwierige Situationen nicht überlebt, so viele schwierige Situationen gab es. Zuletzt denke ich, daß sein Leben in Moskau als Außenminister auch Einfluß auf diese Entwicklung gehabt hat. Die Entwicklung von Saulus zu Paulus.«*

Das wird es sein: Die Suche nach den Ursprüngen seines Volkes, die für Schewardnadse, wie für alle anderen Menschen, in seiner Jugendzeit beginnt, in dem kleinen Dorf Mamati, im Westkaukasus, unter vertrauten Menschen, in der Dorfgemeinschaft, in der Familie. Dort liegen die Wurzeln für seine nationalen, aber auch für seine religiösen Überzeugungen. Wer ihn konkret nach dem Christentum fragt, wird ausweichende Antworten bekommen. Sicher wollte er auch Zeichen setzen, um seinem Volk, das so viel Hoffnung in ihn gesetzt hatte, möglichst nahe zu sein. Wer die betenden Menschen in der Kathedrale von Tiflis in ihrem unerschütterlichen Glauben beobachtet, der weiß, welchen Halt der Glauben in auswegloser Situation geben kann.

Schewardnadse selbst sagt über die Georgier: »*Die Georgier sind keine fanatischen Gläubigen, aber sie sind gläubig. Auch in der kommunistischen Zeit waren die meisten Familien gläubig. Sogar viele Parteimitglieder. Die Georgier haben das Christentum im 4. Jahrhundert angenommen. Die Fahne des Christentums ist seit dieser Zeit das Symbol der Einigkeit, das Symbol der Unabhängigkeit, der Freiheit. Das war nie abgetrennt von der Heimat. Christentum und Heimat standen immer zusammen. Überhaupt sind Georgier in diesem Sinne ganz außergewöhnliche Menschen, genauso wie die Natur in Georgien, so voller Kontrast, in Georgien gibt es Ebenen und eisbedeckte Berggipfel, subtropisches Klima, das ist auch das Naturell des georgischen Volkes, diese Gegensätzlichkeit. Ein Georgier kann auf der Höhe der Demokratie und der Humanität stehen. Aber auch Stalin ist in Georgien geboren. Ich bin nicht einverstanden mit dem Gedanken vieler Georgier, daß wir nicht Schuld daran sind, daß Stalin Georgier war. Er war doch eine georgische Erscheinung.*«

Halb im Scherz, halb im Ernst hat Schewardnadse einmal gesagt, es seien immer Georgier gewesen, die in der Weltgeschichte Entscheidendes vollbracht hätten. Er meinte auch sich selbst damit. Aber wenn man schon den Namen Stalin – mit all dem Terror, der Unterdrückung, die mit diesem Namen verbunden sind,

– nennt, man dann muß auch Fragen stellen nach dem Polizeiminister Schewardnadse, der acht Jahre lang den Kommunismus in seinem Lande durchzusetzen hatte. Schewardnadse wird, nach allem, was wir wissen, den politischen Gegner nicht immer mit Samthandschuhen angefaßt haben, auch wenn er in seinem Buch hauptsächlich über den Kampf gegen Korruption und den Schwarzmarkt im Lande spricht.

Doch die georgischen Filmemacher, darunter weltbekannte Regisseure wie Tengis Abuladse, nannten Schewardnadse auch dann noch ihren Freund, als er bereits Erster Sekretär der KP war, da er davon überzeugt gewesen sei, daß Zensur zerstörerisch für die Kultur sei: »*Er kämpfte für unsere Projekte, unsere Filme, unser Theater. Es war merkwürdig, wir waren in einer einzigartigen Situation. Wir konnten uns artikulieren, beinahe ungehindert. Ich kann das so sagen, denn im kommunistischen System gab es nicht sehr viel Freiheit. Schewardnadse war unser Freund. Es war interessant, denn in dieser Periode war so etwas ungewöhnlich. Unser Erster Sekretär in der KP ein Freund vieler Filmemacher, Theaterregisseure und Schriftsteller. Und ich hätte es sehr gern, wenn alle im Westen das verstehen würden, daß er diese Veränderungen bewirkte. Denn er ist aus Überzeugung Demokrat, ein wirklicher Demokrat, sein ganzes Ich. Heute ist es für uns sehr wichtig, daß es eine solche Persönlichkeit wie Schewardnadse in Georgien gibt.*«

Sicherlich ist es übertrieben zu sagen, die Perestroika, die Politik der Umgestaltung, habe mit Schewardnadse in Georgien begonnen. Doch beweist seine damalige Politik, daß viele Elemente der Perestroika in Georgien entstanden sind. So konnte ein Institut für Meinungsforschung eröffnet werden, dessen Erhebungen der breiten Öffentlichkeit zugänglich gemacht wurden. Auf dieser Grundlage konnten regelmäßige Pressekonferenzen veranstaltet und die Zensur umgangen werden. Auch begann man in Georgien bereits mit der Privatisierung des Handels- und Transportwesens, als man in Moskau noch die Prinzipien der zentralgelenkten Wirtschaft hochhielt. Von der Freiheit der Kunst und der Literatur war schon die Rede. In der Sowjetunion waren dies seltene Ausnahmen, Ausnahmen, die dem traditionellen sowjetischen Kulturbegriff entgegenstanden.

Auch das Experiment der demokratischen Selbstverwaltung der Region ist für den Rest der Sowjetunion undenkbar gewesen. Fragen nach seiner Rolle als Innenminister weicht Schewardnadse heute nicht aus: *»In der Auslandspresse tauchten Berichte über Rechtsverletzungen in der Justizpraxis jener Jahre auf. Ich will nicht behaupten, daß es die nicht gegeben hätte. Die Justiz eines totalitären Staates trägt natürlich auch dessen bisweilen grauenerregendes Gepräge, und ein Einzelner ist nicht imstande, sie zu reformieren, ohne vorher den Charakter des ganzen Staates zu ändern. Säuberungen unter den Strafverfolgern und dem Gefängnispersonal, die Heranziehung von Leuten, die sich als Komsomol- oder Parteifunktionäre bewährt hatten, halfen nicht viel. Die Beschränktheit meines Konzepts für die Amtsführung war für mich überdeutlich, doch mehr konnte ich damals nicht ausrichten. Ich fürchtete jeden Rückfall in die Methoden der Berija-Zeit und wies alles zurück, was die Kettenreaktion einer Hexenjagd auslösen konnte. Es gab das offensichtliche Bestreben, mich vom Posten des Innenministers* *zu entfernen, und dies war für mich ein Beweis, daß die von uns ergriffenen Maßnahmen nicht ohne Wirkung blieben. Das bereitete mir eine gewisse Genugtuung.«*

In vielfältigen Stellungnahmen hat Schewardnadse immer wieder zu diesem Kapitel seiner kommunistischen Karriere Stellung bezogen, um darauf hinzuweisen, daß er den Boden des Prinzips Menschlichkeit nie verlassen hatte. Er beschreibt in seinem Buch, mit welchen Methoden man damals versuchte, ihn als Innenminister kaltzustellen. Er verweist darauf, daß er den Juden aus Georgien die Auswanderung nach Israel gestattete, weil er in Emigranten keinen Feind sehen konnte. Er versuchte immer wieder, überzogene Diktate der zentralen Organe in Moskau zu mildern, wenn diese mit ihrer administrativ-bürokratischen Übermacht der Teilrepublik Georgien jegliche Selbständigkeit rauben wollten. Manche politischen Maßnahmen konnte Schewardnadse nur durchsetzen, indem er seine politischen Gegner »überlistete«: Die Erhaltung bäuerlicher Familienbetriebe anstelle von Kollektivfarmen betrieb er als Experiment, ebenso die Verpachtung der Verkehrsmittel an Privatleute, um einen Anreiz für effektives Arbeiten, gute Pflege und einen freundlichen Kundendienst zu bieten. Mitten in Tiflis ließ er ein Denkmal zu Ehren der georgischen Muttersprache aufstellen, während gleichzeitig Gesetze zum Schutz und zur Weiterentwicklung der georgischen Sprache beschlossen wurden. Dies führte im April 1978 zu einer dramatischen Situation auf der Tagung des Obersten Sowjets der Republik, die eine neue Verfassung verabschieden sollte. Die Mehrheit der Bevölkerung verlangte, den Artikel über den Status der georgischen Sprache als Staatssprache in der Verfassung beizubehalten. Die erste, noch unter Lenin verabschiedete Verfassung hatte solch einen Passus enthalten. Im neuen Entwurf dagegen fehlte ein solcher Artikel. Diese Änderung war auf Verlangen von Moskauer Staatsrechtlern erfolgt, weil angeblich ein solches Ansinnen dem Marxismus-Leninismus widerspräche. Schon 1956 hatte es von der kommunistischen Seite Bemühungen gegeben, Russisch als alleinige Staatssprache durchzusetzen. Doch dies hatte in Tiflis zu einer machtvollen Demonstration von Studenten zum Schutz der georgischen Muttersprache geführt. Solche gefährlichen Entwicklungen wollte man nun vermeiden. Nach intensiven Gesprächen mit Breschnew und Suslow hatte Schewardnadse in diesem Punkt Handlungsfreiheit erhalten und konnte nach eigenem Ermessen entscheiden. Er entschied sich für Georgien. Das war nicht durchgehend so. Schewardnadse gibt unumwunden zu, bei der Behandlung der Dissidenten Fehler gemacht zu haben. Er habe, so gesteht er heute ein, sich nicht genug gegen Unterdrückung und staatliche Propaganda zur Wehr gesetzt. Damals, in den 70er Jahren, sei er dafür weder innerlich noch politisch vorbereitet gewesen.

*»Meine eigene Position gegenüber diesen Menschen entwickelte sich in qualvollem Kampf mit mir selbst. Möglicherweise gerade im Ergebnis dieses inneren Kampfes gelangte ich dort an, wo ich heute stehe. Das war es, was mich zu einem aktiven Anhänger der Perestroika gemacht hatte. Dieser Kampf führte mich zu der Erkenntnis, daß das Übel nicht in einzelnen Menschen, sondern im System liege. Und wenn sich einige Menschen diesem System ge-*

*genüber feindlich verhalten, dann nur deshalb, weil es unter den Bedingungen des Totalitarismus nicht möglich ist, die Einhaltung der Rechte des Menschen, seine Freiheit und folglich auch eine normale Entwicklung des Landes zu sichern.«* Eine christliche Erkenntnis. Aus dieser Erkenntnis heraus hatte Schewardnadse an einem Winterabend 1984 in Pizunola Gorbatschow gegenüber geäußert: *»Alles ist durch und durch faul. Man muß es verändern.«*

Immer wieder hat Schewardnadse als Motiv für sein politisches Handeln die Verantwortung gegenüber den Menschen seiner Heimat genannt. Gerade in diesem Punkt trifft er sich mit Hans-Dietrich Genscher, dessen Heimatverbundenheit sprichwörtlich ist, der auch in den Zeiten der SED-Herrschaft nie versäumte, wenigstens zu Weihnachten zu seinen Verwandten nach Halle zu fahren, und dessen Antrieb für sein politisches Handeln immer von dem Gefühl genährt wurde, etwas für die Menschen in seiner Heimat tun zu müssen. Gefragt, wie es sei, wenn man früher als Außenminister der UdSSR für eine viertel Milliarde Menschen Politik gemacht habe und nun Politik für nur fünf Millionen betreibe, antwortete Schewardnadse, ohne zu zögern: *»Die fünf Millionen Georgier zählen für mich so viel wie die Menschen des halben Erdballs.«*

Und deshalb geht der belagerte Präsident, auf den Namen seines Vaterlandes getauft, jedes Jahr am 23. November, dem Tag des Heiligen Georg, in die orthodoxe Kathedrale von Tiflis, um dort mit einer Kerze in der Hand für sein Heimatland zu beten, mitten unter seinen georgischen Landsleuten. Niemand weiß, wie lange Schewardnadses Wandlung vom kommunistischen Saulus zum christlichen Paulus gedauert hat oder ob dieser Prozeß noch andauert. Sicher ist, daß der Beweggrund dafür sein persönliches Credo gewesen ist: das Prinzip Menschlichkeit.

Keine Vokabel findet sich häufiger in Schewardnadses Reden und Interviews als die Vokabel Menschlichkeit. *»Der Mensch ist das Maß aller Dinge«*, sagt er in seinem Buch. *»Mir scheint, trotz, ja wegen der Erschütterungen unserer Zeit dominiert dennoch die Renaissance der humanistischen Idee, die Rückbesinnung auf den Menschen, auf den menschlichen Maßstab.«* Er fordert, die Politik müsse dem Menschen angemessen sein. Er versucht stets den ›Menschen näherzukommen‹, mit denen er zu tun hat. Stets will er beweisen, »daß das Leben der Menschen zum Eckpfeiler unserer Außenpolitik wurde«. Schon in Helsinki war ihm klargeworden, *»daß die menschliche Dimension der internationalen Sicherheit die Schlüsselfrage bildet«.* Er behauptet auch von seiner Außenpolitik, sie habe die Russen von ihrer angeborenen und ihnen eingeimpften Fremdenfeindlichkeit erlöst. Gleichzeitig habe sie die Gesellschaft von der Vorstellung befreit, von äußeren Feinden umzingelt zu sein, indem sie den Gegner zum Partner gemacht und aufgezeigt habe, *»daß dort, wo der Mensch angeblich dem Menschen ein Wolf ist, die Menschen nach normalen menschlichen Gesetzen leben wollen und leben. Sie hat bewiesen, daß das materielle Wohl und die Lebensgüter... Menschen keineswegs der Humanität berauben müssen.«* Und stets mahnte er, *»daß Menschsein bedeutet, auch das Recht des anderen auf sein Menschsein anzuerkennen«.*

*»Politik wird von Menschen gemacht«*, auch das eine einfache Feststellung Schewardnadses, die zu seinem Leitmotiv wurde. Der »Maßstab der Menschlichkeit« als globaler Schritt der Politik, als »Goldschatz« eines jeden Volkes.

## 14.

## Held oder Märtyrer?

Georgien, ein Land von der Größe Bayerns, mitten im Kaukasus gelegen zwischen den Bergen des Großen Kaukasus im Norden und dem Schwarzen Meer im Westen, angrenzend an die Türkei im Südwesten, im Süden an Armenien und im Südosten an Aserbaidschan. 5,5 Millionen Einwohner, der Schutzheilige St. Georg auf weißem Pferd im Staatswappen. Ein Land, das ganz aus den Fugen geraten zu sein scheint. Das ehemalige Urlaubsparadies Osteuropas hat sich in einen Alptraum verwandelt. Ehemals märchenhaft schön erscheinende Landschaften zwischen der subtropischen Schwarzmeerküste und den eisigen Gipfeln des Zentralkaukasus sind verödet, die Städte zerschossen, die Bewohner vertrieben. Ein Land mit 100 verschiedenen Nationalitäten, ein Land auch, das fast 200 Jahre lang um seine nationale Identität kämpfen mußte. Noch 1978 mußten die Georgier auf die Straße gehen, um zu verhindern, daß ihre Muttersprache durch Russisch als Amtssprache ersetzt wurde.

Ein Land auch, das zu Deutschland immer eine besondere Beziehung unterhielt. 31 Familien aus Deutschland kamen am 21. September 1817 ins Land, 200 weitere folgten ein Jahr später. Sie genossen als Handwerker in Alexanderdorf, Marienfeld und Katharinenfeld hohes Ansehen, 1906 gründeten sie die deutsche Wochenzeitschrift »Kaukasische Post«. Als Georgien in den Jahren 1918 bis 1921 für kurze Zeit von Rußland unabhängig war, hatte es schon einmal große Hoffnungen in die Deutschen gesetzt. Die Weimarer Republik unter sozialdemokratischer Führung erschien den Georgiern als Modell einer funktionierenden Demokratie, aber Deutschland war politisch und wirtschaftlich zu schwach, zu sehr mit sich selbst beschäftigt, um wirksame Hilfe leisten zu können. Zu stark auch war der Druck der Großmächte Türkei und Rußland.

Im Februar 1921 war der Traum vorbei: Die erste demokratische Republik Georgien hörte nach dem Einmarsch der Roten Armee auf zu existieren.

Am 07. März 1992 kehrte Schewardnadse nach Georgien zurück, von seinen Landsleuten fast wie ein Messias erwartet, als welterfahrener Politiker, der das Land aus dem Chaos herausführen sollte. Er versprach Parlamentswahlen innerhalb von sechs Monaten und wurde am 11. Oktober 1992 mit 96 Prozent der Stimmen zum Präsidenten gewählt. Seine Aufgabe ist nach wie vor, die gespaltene Nation zu einigen. Aber wie soll das gelingen? Eine solche Not hat Georgien in diesem Jahrhundert noch nicht erlebt. Brot gibt es nur gegen Vorlage des Personalausweises und nach stundenlanger Wartezeit. Ein einziges Huhn kostet den ganzen Monatslohn. Der Kupon, die neue Währung, verlor 1993 99 Prozent an Wert. Zweidrittel der Georgier leben unterhalb der Armutsgrenze. Um die innere Sicherheit steht es schlecht. 878 Morde zählte das Innenministerium 1993, 20 Prozent mehr als im Vorjahr. Am Eingang des einzigen Nobelhotels in Tiflis, dem ›Metechi Palace‹, bittet ein Schild: »Zur Sicherheit und zum Wohlbefinden unserer Gäste bitten wir freundlichst darum, alle Feuerwaffen bei uns zu hinterlegen.« Eine Zeitung schreibt: »*Der Schleier der Nacht hängt über Georgien. Die Dämmerung vergeht nicht.*«

Vor dem ehemaligen Luxushotel Iveria, in dem Flüchtlinge aus Abchasien untergebracht sind, träumen alte Männer von vergangenen Zeiten, von Stalin ist oft die Rede. Da herrschte Ruhe und Ordnung. Schewardnadse weiß, daß viele einen starken Mann an der Spitze der Regierung wünschen, aber er sagt: »*Ich werde mich nicht in einen Diktator verwandeln.*« Die anfängliche Begeisterung der Bevölkerung war ihm unangenehm, sie barg zu viele Verpflichtungen. Der Mann, der den Deutschen die Einheit brachte, ist nicht sicher, ob er auch die Einheit im eigenen Lande herbeiführen kann. Die Militärs haben den ersten freigewählten Staatschef Georgiens, Swiad Gamsachurdia, in einem blutigen und zerstörerischen Bürgerkrieg aus Tiflis gejagt. Seine Art von Demokratie war nicht die, die man sich nach dem Abschütteln der Sowjetmacht erhofft hatte. Aber, wie die georgische Germanistin Naira Geraschwili sagt, die Militärs hatten die Macht, sie benutzten Schewardnadse zur »Dekoration für die Demokratie«, und Schewardnadse muß sich eingestehen, daß er auf die alten Kräfte nicht verzichten kann, die jungen demokratischen müssen sich noch gedulden. Aber er kennt sein Ziel: »*Ich bin nach Georgien zurückgekommen, weil Georgien in Not ist, weil meine Heimat mich braucht. Georgien ist der Maßstab aller Dinge für mich.*«

Der Mann, der einst elegant gekleidet als sowjetischer Außenminister mit den Großen der Welt konferierte, muß sich jetzt im militärischen Tarnanzug einen

Weg durch die zerbombten Straßen von Suchumi bahnen und gesteht: »*Ich bin bereit, dafür zu sterben, daß Georgien als Staat nicht auseinanderfällt.*« (Stern, 25/93) An vier Fronten gleichzeitig zerreibt er seine Kraft: In der Hauptstadt Tiflis fällt ihm eine gefährliche Opposition in den Rücken. Im Nordosten des Landes will das Bergvolk der Useten sich Rußland anschließen. Den Westen Georgiens beherrschen die Anhänger des gestürzten Präsidenten Gamsachurdia, und im Norden kämpft das nur 90 000 Menschen zählende Volk der Abchasen um seine Unabhängigkeit, obwohl es in dieser Region nur eine Minderheit von knapp 20 Prozent der Bevölkerung darstellt.

Die Professorin für Germanistik Geraschwili, kennzeichnet Schewardnadses persönliche Tragödie so: »*Sein Talent ist zu groß für die Bedingungen Georgiens. Er kann seine Fähigkeiten hier nicht entfalten. Er ist für die große Politik geboren. In diesem kleinen Lebensraum, in dem so viele wilde Kräfte gegen ihn gerichtet sind, wird ihm das nur sehr schwer gelingen.*« (in: »Eduard Schewardnadse oder die kaukasische Tragödie«, Film des Saarländischen Rundfunks von Carl Bringer und Elisabeth Denzer)

Immer öfter muß Schewardnadse die alltägliche Tragödie Georgiens erleben, wenn er sich unter die Menschen eines Trauerzuges für Gefallene mischt, von denen es so viele gibt. Die Frage, ob er ein Held oder ein Märtyrer wird, ist für viele längst entschieden. Ein Hamlet oder gar ein Coriolan ist er längst. Derselbe Mann, der noch vor wenigen Jahren ein Weltreich mitregierte, ist nun ganz allein bei seinem letzten und ausweglosen Kampf. Da mutet es wie Ironie des Schicksals an, daß er sein Büro in der ehemaligen

Schule für Marxismus und Leninismus am Rustaweli-Boulevard in Tiflis einrichten mußte. »*Das ist wahrlich der schwierigste Job, den ich je hatte. Die Schwierigkeit besteht darin, ein System in ein anderes zu verwandeln, das nennt man gewöhnlich Revolution*«, sagt Schewardnadse. (in: »Georgien am Abgrund«, ARD 16.9.93). Ein Stockwerk unter ihm tagt das unkontrollierbare Parlament, ein Stockwerk über seinem Büro sitzt Dschaba *Ioseliani*, Führer einer unberechenbaren Privatarmee. Alten Freunden gesteht Schewardnadse: »*Ich habe hier keine Freunde, meine Freunde sind Baker und Genscher.*« Wie schätzt *Ioseliani* die Position Schewardnadses in Georgien ein? »*Sehen Sie*«, sagt er, »*wenn Pelé in einer Dorfmannschaft spielen würde, würden ihm die anderen doch auch die Beine brechen.*«

Die größte Bedrohung war für lange Zeit der Krieg in Abchasien. Bis weit in den Osten Georgiens hatten sich die Anhänger Gamsachurdias schon den Weg freigeschossen. Ein offenes Geheimnis war die Unterstützung der Rebellen durch Rußland. Besonders auffällig war, daß die Kampfflugzeuge ihre Bomben über Suchumi immer sehr gezielt abwarfen, dabei aber russische Einrichtungen stets verfehlten. Zudem wurde Suchumi von Kriegsschiffen beschossen, die vom Schwarzen Meer – also von russischem Territorium – aus agierten. Und allseits bekannt ist das Moskauer Machtinteresse, sich auf die Grenzen des früheren Imperiums auszudehnen. Nicht vergessen haben die roten Generäle, daß Schewardnadse der Totengräber des Sowjetreiches war – gerade für sie, die früher Mächtigen im Lande, ist das Grund genug für ihren Haß und Abscheu. Aber wer ist Rußland? Jelzin? Die Bürokratie im Kreml? Die frühere KGB-Maschinerie?

Am 7. Januar 1994 meldete die sowjetische Presseagentur Interfax den Tod Swiad Gamsachurdias. Er soll, diesen Angaben zufolge, am Silvestertag Selbstmord verübt haben, als er sich im Westen Georgiens von Regierungstruppen umstellt sah. Einen Moment lang verlor Schewardnadse aufgrund dieser Nachricht die Kontrolle, als er in einer vom georgischen Fernsehen übertragenen Rede erklärte, in einem beispiellosen Marsch würden nun Millionen von Georgiern unbewaffnet nach Abchasien einziehen. Er sei bereit, diesen Zug anzuführen. Bei dem Marsch kämen möglicherweise die Hälfte der Teilnehmer um. »*Aber nichts ist uns heiliger als Georgiens Einheit, Integrität und Zukunft*«, erklärte der Präsident. Wird Schewardnadse ein Präsident ohne Augenmaß? Nein, es war wohl die Last, die von ihm abgefallen war, die seine absurde Reaktion erklärt.

Aber der Leidensweg ist noch nicht zu Ende. Die wenig geliebten Russen werden gebraucht, um die Sicherheit im Lande einigermaßen wiederherzustellen. Anfang Februar 1994 kommt es zu einem Schulterschluß zwischen Moskau und Tiflis, Rußlands Präsident Jelzin trifft in Tiflis ein, um mit Eduard Schewardnadse einen Vertrag über Freundschaft und Zusammenarbeit zu unterzeichnen. Der Vertrag enthält auch ein militärisches Abkommen: Rußland wird fünf Militärstützpunkte in Georgien, Armenien und Aserbaidschan einrichten und dort 23000 russische Soldaten stationieren. Kurz bevor die Präsidenten das Abkommen unterzeichnen, stirbt der stellvertretende Verteidigungsminister Georgiens, Nicolai Kekelidse, durch eine Bombenexplosion in seiner Wohnung in Tiflis. Ein Sprecher des Ministeriums erklärte, der Anschlag sollte offenbar den Abschluß des Vertrags stören. Drei Stunden nach Kekelidses Tod wurde Georgiens Verteidigungsminister Karkaraschwili bei der Besichtigung des Tatorts durch die Detonation einer zweiten Bombe leicht verletzt. Nach langem Widerstand mußte sich Georgien schon im Oktober 1993 der Gemeinschaft Unabhängiger Staaten, GUS, wieder anschließen. Ob die Achse Moskau-Tiflis einen stabilisierenden Faktor im Kaukasus bildet, wird die Zukunft beantworten. »Der gute Mensch von Tiflis«, wie ihn ein Journalist einmal nannte, muß gute Mine zum bösen Spiel machen. Er, der Russisch nur mit starkem Akzent spricht, der angetreten war, den Georgiern ihre Heimat wiederzugeben, muß nun einen Schritt zurückweichen und die Russen wieder im Lande dulden.

Erst Mitte Mai 1994 einigten sich Abchasen und Georgier nicht nur auf einen Waffenstillstand, sondern auch auf die Stationierung einer russischen Friedenstruppe von rund 3000 Soldaten in einer 24 km breiten Pufferzone entlang der Frontlinie am Fluß Inguri. Danach sollten die 100 000 Flüchtlinge etappenweise in ihre Heimat zurückkehren. Staatschef Schewardnadse mußte das Abkommen gegen den Widerstand der Opposition im georgischen Parlament durchsetzen. Der Mann, der sein Leben lang nach Ausgleich und Verständigung suchte, der sich vom Friedenswillen der Menschen nicht abbringen lassen will, sieht Parallelen zwischen seinem und dem Schicksal seines Landes: »*Mein Schicksal ist das Schicksal meines Landes. Es gab Jahrhunderte der Blüte und Jahrhunderte des Niedergangs. Der Mensch sieht seiner Heimat ähnlich. Wenn ich meiner Heimat ähnlich bin, dann bin ich glücklich. Wie tragisch das Schicksal meines Landes und mein Schicksal auch sein mag.«* Fühlt er sich vom Westen allein gelassen, dem er schließlich alles gegeben hat: das Weltreich Sowjetunion und sein eigenes Schicksal wie das seines Landes?

Mehrfach telefonierte Schewardnadse in diesen Zeiten mit seinem Freund Hans-Dietrich Genscher. *»Der Westen gibt uns menschliche Unterstützung, es ist eine richtige und ehrliche Politik. Besonders den Deutschen sind wir dankbar«*, sagte er. Am 25. Januar 1993 Punkt 12.00 Uhr klingelte im Präsidentenpalast von Tiflis das Telefon. Hans-Dietrich Genscher gratulierte seinem Freund und ehemaligen Amtskollegen zum 65. Geburtstag. Die freundschaftliche Verbindung ist ungebrochen. Im Januar 1994 schreibt Schewardnadse in einem Brief an Bundeskanzler Helmut Kohl: *»Sie haben uns gerade in der Zeit Ihre Hand gereicht, wo wir Sie am meisten brauchen, und damit der ganzen Welt gezeigt, daß Deutschland immer zu den echten Freunden Georgiens gehört hat.«*

Vielleicht wird es wahr, wovon Schewardnadse in einem Interview mit Vera Tschechowa (Arte, Dezember 1992) einmal träumte: *»Genscher hat oftmals bemerkt, in Gesprächen, daß ich traurig war, und er fragte, woran ich denken würde. Ich habe geantwortet, an meine Heimat, an Georgien. Zum Ende dieses Jahrhunderts wird Georgien eines der interessantesten Länder sein. Obwohl es ein kleines Land ist, hat Georgien doch eine alte Kultur und Tradition, so kann es eine Rolle in der Welt und in der Politik spielen, eine wichtige Rolle. Wenn wir es vergleichen müßten, dann wird Georgien am Ende so etwas sein, sagen wir, wie die Schweiz. Vielleicht wird es etwas andere Akzente haben, etwas weniger Pragmatismus, dafür mehr*

*Idealismus. Wir müssen einen Grundstein legen für ein demokratisches Georgien. Vielleicht schaffe ich das nicht, aber das ist mein Ziel. Am meisten beunruhigt mich jetzt das Schicksal der georgischen Kultur. Ich weiß nicht, ob ich das schon gesagt habe, aber wir haben ein Komitee zur Rettung der georgischen Kultur gegründet. Ich weiß nicht, was dabei herauskommt, aber wir werden unser Bestes tun. Ich glaube, daß die Weltkultur früher oder später die georgische Kultur wiederentdecken wird. Unsere Kultur ist wie unsere Natur, wie der Kaukasus. Diese außerordentliche Rolle der georgischen Kultur ist wahrscheinlich durch die geopolitische Lage Georgiens entstanden. Weil wir uns an dem Kreuzweg von Osten nach Westen, von Süden nach Norden befinden, als ob hier alle diese Reichtümer im Orient oder im Okzident für die Menschheit geschaffen, zusammengefaßt worden sind. Es gab auch immer ein großes Bestreben zur deutschen Kultur, zur deutschen Denkweise, aber auch zu Frankreich, überhaupt zur europäischen Kultur. Unser Leben ist ein ständiges Suchen. Dieser Weg des Suchens führt nur nicht immer auf geradem Weg zum Ziel... Was soll ich Ihnen noch sagen...«*

# Zeittafel

*1.8.1985:* Helsinki: 10jähriges Jubiläum der Konferenz für Sicherheit und Zusammenarbeit in Europa. Die Außenminister Genscher und Schewardnadse treffen sich zum ersten Mal.

*12.9.1985:* Treffen Genscher-Schewardnadse am Rande der 40. UN-Generalversammlung in New York.

*15.10.–25.11.1985:* KSZE-Kulturforum in Budapest.

*19.11.–21.11.1985:* Amerikanisch-sowjetisches Gipfeltreffen mit Präsident Reagan und Parteichef Gorbatschow in Genf.

*28.1.1986:* Bundesaußenminister Genscher und sein französischer Kollege Dumas betonen vor der Stockholmer KVAE gemeinsam die Bedeutung konventioneller Stabilität und fordern, daß die konventionelle Rüstungskontrolle ganz Europa vom Atlantik bis zum Ural einbeziehen müsse.

*26.4.1986:* In einem ukrainischen Atomkraftwerk in Tschernobyl kommt es zum bisher größten Reaktorunfall in der Geschichte der friedlichen Nutzung der Kernernergie.

*10.6.1986: Bundesaußenminister Genscher fordert auf der UN-Abrüstungskonferenz ein weltweites und umfassendes Verbot von chemischen Waffen; er wendet sich gegen chemiewaffenfreie Zonen, da diese nur neue Schwierigkeiten aufwerfen und nicht erhöhte Sicherheit schaffen. Erneutes Treffen Genscher-Schewardnadse in New York.*

*20.– 22.7.1986: Genscher zu Gesprächen mit Gorbatschow in Moskau. Er trifft auch Schewardnadse.*

22.9.1986: Die 35 KVAE-Teilnehmerstaaten verabschieden in Stockholm das KVAE-Schlußdokument, das u.a. frühzeitige Ankündigung und zwingende Inspektionen bestimmter militärischer Aktivitäten vorsieht.

11.–12.10.1986: Amerikanisch-sowjetisches Gipfeltreffen zwischen Reagan und Gorbatschow in Reykjavik.

16.10.1986: Wahl der Bundesrepublik Deutschland für zwei Jahre in den Sicherheitsrat der Vereinten Nationen.

*4.11.1986: Eröffnung des 3. KSZE-Folgetreffens in Wien. Treffen Genscher-Schewardnadse.*

11.–12.12.1986: Auf ihrer Tagung in Brüssel verabschieden die NATO-Außenminister eine Erklärung zur konventionellen Rüstungskontrolle, in der sie Verhandlungen über konventionelle Streitkräfte in Europa (VKSE) sowie Verhandlungen über weitere vertrauensbildende Maßnahmen (VSBM) vorschlagen und deren Ziele definieren.

28.2.1987: Gorbatschow schlägt den USA ein separates Abkommen über den Abbau der Mittelstreckenflugkörper in Europa vor und verzichtet damit auf die bisher von sowjetischer Seite aufgestellte Verknüpfung zwischen INF-, Defensiv- und Weltraumwaffen-Abkommen.

25.3.1987: Zum ersten Mal beobachten zwei uniformierte Offiziere der Bundeswehr in Ausführung der Stockholmer KVAE-Konferenz ein Manöver von sowjetischen Soldaten und Angehörigen der Nationalen Volksarmee auf dem Gebiet der DDR.

1.6.1987: Die Bundesregierung entscheidet sich für die Unterstützung der doppelten Null-Lösung, d.h. im Klartext keine Nachrüstung bei den Mittelstreckenraketen.

11.–12.6.1987: Bei ihrer Tagung in Reykjavik beauftragen die NATO-Außenminister auf die deutsche Initiative hin den ständigen NATO-Rat mit der Weiterentwicklung eines Gesamtkonzepts für Rüstungskontrolle und Abrüstung.

12.6.1987: Präsident Reagan besucht Berlin und fordert Gorbatschow auf, die Mauer niederzureißen.

*6.–11.7.1987: Staatsbesuch Bundespräsident von Weizsäckers in der UdSSR, in diesem Rahmen Treffen der Außenminister Genscher und Schewardnadse.*

23.7.1987: Die Sowjetunion stimmt der weltweiten doppelten Null-Lösung zu und nimmt von ihrer Forderung nach Verbleib von 100 Sprengköpfen im asiatischen Teil der Sowjetunion Abstand.

26.8.1987: Bundeskanzler Kohl erklärt Bereitschaft zum Abbau der deutschen Pershing-IA-Raketen, wenn das INF-Abkommen in Kraft getreten ist und die Vertragsbestimmungen planmäßig verwirklicht wurden; der Weg zum Abschluß des INF-Abkommens ist frei.

7. – 11.9.1987: SED-Generalsekretär Honecker besucht die Bundesrepublik.

21.10.1987: Zum ersten Mal seit der Teilung Berlins begegnen sich der Berliner Regierende Bürgermeister und der Bürgermeister von Berlin (Ost).

8.12.1987: Reagan und Gorbatschow unterzeichnen anläßlich ihres 3. Gipfeltreffens in Washington das Abkommen über die globale Beseitigung ihrer landgestützten Flugkörper mittlerer und kürzerer Reichweite (INF-Abkommen).

*17.–19.1.1988: Schewardnadse trifft sich in Bonn mit Genscher.*

*29.–31.7.1988: Besuch von Genscher in Moskau. Unterredung mit Gorbatschow und Schewardnadse.*

*24.–27.10.1988: Bundeskanzler Kohl zu einem offiziellen Besuch in der UdSSR. Treffen Genscher–Schewardnadse.*

*7.–11.1.1989: Auf französische und US-Initiative hin Konferenz über das Verbot chemischer Waffen in Paris mit*

149 Teilnehmerstaaten. Am Rande der Konferenz Treffen Schewardnadse-Genscher.

**17.–19.1.1989:** Abschluß des 3. KSZE-Folgetreffens in Wien; die Außenminister Genscher und Schewardnadse nehmen teil.

Verabschiedung eines abschließenden Dokuments und Einigung über die Aufnahme von Verhandlungen über konventionelle Streitkräfte in Europa (VKSE) und über (weitere) vertrauens- und sicherheitsbildende Maßnahmen (VSBM).

**19.1.1989:** Erich Honecker: »Die Mauer wird... in 50 und auch in 100 Jahren noch bestehen bleiben...«

**2.2.1989:** Beendigung der 1973 begonnen Wiener MBFR-Verhandlungen.

**9.3.1989:** Beginn der Verhandlungen über konventionelle Streitkräfte in Europa (VKSE) in Wien, im Rahmen des KSZE-Prozesses; Teilnehmer: die 16 NATO- und die 9 Warschauer-Pakt-Mitgliedsstaaten, Beginn der Verhandlungen über vertrauens- und sicherheitsbildende Maßnahmen (VSBM) in Wien; Teilnehmer: die 35 KSZE-Teilnehmerstaaten. Teilnahme der Außenminister Genscher und Schewardnadse.

**seit 2.5.1989:** Abbau des Stacheldrahtes an der ungarisch-österreichischen Grenze.

**7.5.1989:** Kommunalwahlen in der DDR: 98,85% der Stimmen für die SED. Vorwurf der Manipulation und Wahlfälschung.

*12.–13.5.1989: Besuch des sowjetischen Außenministers Schewardnadse in Bonn. Er spricht mit Bundeskanzler Kohl und Außenminister Genscher.*

*29.–30.5.1989:* Nato-Gipfel in Brüssel aus Anlaß des 40jährigen Bestehens der NATO. Verabschiedung des Gesampkonzepts für Rüstungskontrolle und Abrüstung.

*12.–15.6.1989: Staatsbesuch von Michail S. Gorbatschow in der Bundesrepublik Deutschland. Außenminister Schewardnadse begleitet ihn.*

seit September 1989: Rund 50000 DDR-Bewohner fliehen über Ungarn in die Bundesrepublik Deutschland.

7.7.1989: Der Warschauer Pakt widerruft im Schlußkommuniqué von Bukarest die Breschnew-Doktrin (These von der beschränkten Souveränität der sozialistischen Staaten)

14. und 16.8.1989: Staatssekretär Sudhoff vom Auswärtigen Amt verhandelt im Auftrag von Bundesaußenminister Genscher mit dem ungarischen Außenminister Gyula Horn über die Ausreise der DDR-Zufluchtsuchenden in der Botschaft der Bundesrepublik Deutschland in Budapest sowie über die Öffnung der ungarisch-österreichischen Grenze für Zehntausende von DDR-Bewohnern, die sich in den ungarischen Auffanglagern befinden.

24.8.1989: 108 DDR-Bewohner, die in die Botschaft der Bundesrepublik Deutschland in Budapest geflüchtet sind, können durch die Vermittlung des Internationalen Roten Kreuzes in den Westen ausreisen.

10.9.1989: Ungarn gibt die Öffnung der Grenze nach Österreich bekannt.

11.9.1989: Gründung des »Neuen Forums«, der ersten landesweiten nicht-kirchlichen Oppositionsgruppe in der DDR.

*25.–29.9.1989: Gespräche von Bundesaußenminister Genscher wegen Ausreise der DDR-Flüchtlinge mit Außenminister Schewardnadse sowie den Außenministern der DDR, Polens, Ungarns und der CSSR am Rande der 44. UN-Generalversammlung.*

30.9.1989: Genscher eröffnet rund 6000 DDR-Flüchtlingen in der Prager Botschaft der Bundesrepublik Deutschland, daß sie in die Bundesrepublik ausreisen können.

3.10.1989: DDR unterbindet vorübergehend den privaten Reiseverkehr in die CSSR.

7.10.1989: Anläßlich der Jahresfeiern zum 40jährigen Bestehen der DDR mahnt Gorbatschow in Ostberlin: »Wer zu spät kommt, den bestraft das Leben.«

9.10.1989: Montags-Demonstration in Leipzig: »Wir sind das Volk.«

18.10.1989: Rücktritt Honeckers als Staats- und Parteichef nach 18jähriger Herrschaft.

1.11.1989: Die DDR gibt den zeitweise ausgesetzten paß- und visafreien Reiseverkehr in die CSSR wieder frei. Erneut suchen Tausende von DDR-Bewohnern Zuflucht in der Prager Botschaft der Bundesrepublik Deutschland.

4.11.1989: Die DDR gestattet die unmittelbare Ausreise über das Territorium der CSSR. Hiervon machen bis zum 10.11. über 62000 Menschen Gebrauch.

8.11.1989: Der Deutsche Bundestag verabschiedet eine Resolution zur Anerkennung der polnischen Westgrenze.

9.11.1989: Öffnung der Berliner Mauer und weiterer Grenzübergänge zur Bundesrepublik Deutschland.

17.11.1989: Ministerpräsident Modrow schlägt in seiner Regierungserklärung eine »Vertragsgemeinschaft« der beiden deutschen Staaten vor.

28.11.1989: Helmut Kohl trägt im Bundestag seinen Zehn-Punkte-Plan zur Konföderation der beiden deutschen Staaten vor.

2.–3.12.1989: Treffen von Präsident George Bush und Generalsekretär Michail Gorbatschow vor Malta.

4.12.1989: Tagung des NATO-Rates in Brüssel: Präsident Bush nennt in vier Punkten Rahmenbedingungen für die Lösung der deutschen Frage.

*4.–5.12.1989: Bundesaußenminister Genscher reist zu*

*deutsch-sowjetischen Konsultationen mit seinem sowjetischen Kollegen Schewardnadse nach Moskau.*

11.12.1989: Die Botschafter der vier alliierten Siegermächte des Zweiten Weltkrieges treffen sich im Berliner Kontrollratsgebäude.

12.12.1989: Der amerikanische Außenminister James Baker besucht Berlin und spricht sich für ein »neues Europa« und ein »neues atlantisches Denken« aus. Treffen mit Ministerpräsident Modrow in Potsdam.

20.12.–22.12.1989: Staatsbesuch des französischen Präsidenten François Mitterrand in Berlin (Ost) und Leipzig. Erster Besuch eines Staatsoberhauptes der drei alliierten Westmächte in der DDR.

*19.12.1989: Während seines Besuches im NATO-Hauptquartier in Brüssel trifft Außenminister Schewardnadse auch seinen Kollegen Genscher.*

22.12.1989: Das Brandenburger Tor wird geöffnet.

2.–3.2.1990: Reise Außenminister Genschers nach Washington: Die »2+4«-Formel wird geboren.

7.–10.2.1990: US-Außenminister Baker in Moskau. Die sowjetische Führung akzeptiert den »2+4«-Konferenz-Mechanismus.

*11.–12.2.1990: Bundeskanzler Kohl erhält in Moskau die Zusicherung Gorbatschows, »daß die Deutschen selbst die Frage der Einheit der deutschen Nation lösen und selbst ihre Wahl treffen müssen, in welchen Staatsformen und zu welchen Bedingungen sie diese Einheit realisieren werden.« Treffen von Genscher und Schewardnadse.*

*13.2.1990: Vereinbarung der »2+4«-Gespräche in Ottawa am Rande der Konferenz über ein Regime des »Offenen Himmels«, Teilnehmer Außenminister Genscher, Schewardnadse, Baker, Hurd, Dumas.*

*18.3.1990:* Erste freie Wahlen in der DDR.

*21.3.1990:* Die Politischen Direktoren der Außenministerien treffen sich zu ersten Sondierungen der »2+4«-Verhandlungen.
 *In Windhuk trifft Genscher seine Amtskollegen James Baker und Eduard Schewardnadse am Rande der Unabhängigkeitsfeiern für Namibia.*

*5.5.1990: Erstes »2+4«-Treffen der Außenminister in Bonn. Teilnehmer: die Außenminister Baker, Schewardnadse, Genscher, Dumas, Meckel und Hurd.*

*23.5.1990: Außenminister Genscher trifft sich mit seinem sowjetischen Amtskollegen Schewardnadse in Genf.*

*5.–29.6.1990: Treffen am Rande der zweiten Konferenz über die menschliche Dimension in Kopenhagen zwischen den Außenministern Genscher, Schewardnadse und Baker.*

*11.6.1990: Genscher trifft sich mit Schewardnadse in Brest.*

*18.6.1990: Genscher trifft sich mit Schewardnadse in Münster.*

*22.6.1990: Zweites »2+4«-Treffen der Außenminister in Berlin-Niederschönhausen; Teilnehmer: Genscher, Schewardnadse, Baker, Dumas, Hurd und Meckel. Teilnahme der sechs Außenminister an der Zeremonie des Abbaus des Grenzübergangs Checkpoint Charlie zwischen Ost- und Westberlin.*

*1.7.1990:* Die Währungs-, Wirtschafts- und Sozialunion zwischen der Bundesrepublik Deutschland und der DDR tritt in Kraft.

*14.–17.7.1990: Bundeskanzler Kohl und Staatspräsident Gorbatschow verkünden bei ihrem Gipfeltreffen im Kaukasus im Beisein der Außenminister Genscher und Schewardnadse, sich über die äußeren Aspekte der deutschen Einheit einig zu sein.*

*17.7.1990: Drittes »2+4«-Treffen der Außenminister in Paris. Teilnehmer: Genscherd, Schewardnadse, Baker, Dumas, Hurd, Meckel.*

*16.–17.8.1990: Außenminister Genscher trifft sich mit seinem Amtskollegen Schewardnadse in Moskau.*

*30.8.1990:* Außenminister Genscher und DDR-Ministerpräsident de Maizière geben bei den Wiener Verhandlungen über Konventionelle Streitkräfte in Europa (VKSE) übereinstimmende Erklärungen zur künftigen Höchststärke der gesamtdeutschen Streitkräfte von 370000 Mann ab.

*31.8.1990:* Unterzeichnung des Einigungsvertrages zwischen den beiden deutschen Staaten.

*12.9.1990: Viertes und letztes »2+4«-Treffen der Außenminister in Moskau; Unterzeichnung des Vertrages »über die abschließende Regelung in bezug auf Deutschland«. Teilnehmer: Genscher, Schewardnadse, Baker, Hurd, Dumas, de Maizière.*

*13.9.1990: Genscher und Schewardnadses paraphieren in Moskau den »Vertrag über gute Nachbarschaft, Partnerschaft und gute Zusammenarbeit«.*

*19.9.1990: Treffen Genscher-Schewardnadse am Rande der 45. UN-Generalversammlung.*

1.10.1990: Suspendierung der alliierten Vorbehaltsrechte.

*1.–2.10.1990: Das KSZE-Außenministertreffen nimmt in New York das »2+4«-Abschlußdokument »zur Kenntnis«, bei Anwesenheit von Außenminister Genscher und Schewardnadse.*

2.10.1990: Die Alliierte Kommandantur in Berlin stellt ihre Arbeit ein. Der Vier-Mächte-Status der Stadt erlischt.

3.10.1990: Die DDR tritt der Bundesrepublik Deutschland gemäß Artikel 23 des Grundgesetzes bei. Tag der deutschen Einheit.

4.10.1990: Erste Plenarsitzung des gesamtdeutschen Parlaments im Reichstag in Berlin.

5.10.1990: Der Bundestag verabschiedet den »2+4«-Vertrag.

10.10.1990: Der amerikanische Senat ratifiziert einstimmig den »2+4«-Vertrag.

14.10.1990: Landtagswahlen auf dem Gebiet der ehemaligen DDR.

*9.–10.11.1990: Besuch des sowjetischen Staatspräsidenten Michail Gorbatschow und des Außenministers Eduard Schewardnadse in der Bundesrepublik. Genscher und Schewardnadse machen einen Besuch in Halle an der Saale.*

14.11.1990: Unterzeichnung des »Deutsch-polnischen Grenzvertrages« durch Genscher und seinen polnischen Amtskollen Skubiszewski. Die Oder-Neiße-Grenze ist die völkerrechtlich verbindlich endgültige Westgrenze Polens und »jetzt und in Zukunft« unverletzlich.

15.11.1990: Ratifikation des »2+4«-Vertrages durch das britische Parlament.

19.–21.11.1990: Die Gipfelkonferenz der KSZE begrüßt die staatliche Einheit der Deutschen und verabschiedet die Charta von Paris.

2.12.1990: Wahlen zum gesamtdeutschen Bundestag.

*4.–5.12.1990: Genscher trifft in Moskau mit Gorbatschow und Schewardnadse zusammen.*

13.12.1990: Die Französische Nationalversammlung ratifiziert den »2+4«-Vertrag.

20.12.1990: *Rücktritt des sowjetischen Außenministers Schewardnadse aus »Protest gegen die anbrechende Diktatur«.*

4.3.1991: Ratifizierung des »2+4«-Vertrages durch den Obersten Sowjet.

15.3.1991: Hinterlegung der sowjetischen Ratifikationsurkunde des »2+4«-Vertrages im Auswärtigen Amt in Bonn. Der Vertrag »über die abschließende Regelung in bezug auf Deutschland« tritt in Kraft. Deutschland erhält seine volle Souveränität.

*17.–18.3.1991: Genscher in Moskau. Er trifft auch den ehemaligen sowjetischen Außenminister Schewardnadse.*

2.4.1991: Die Sowjetunion ratifiziert den Vertrag über den Abzug der Sowjettruppen aus Deutschland bis 1994.

6.5.1991: Inkrafttreten des Vertrages zwischen der Bundesrepublik Deutschland und der UdSSR über die Bedingungen des befristeten Aufenthalts und die Modalitäten des planmäßigen Abzugs der sowjetischen Truppen aus dem Gebiet der Bundesrepublik Deutschland.

7.6.1991: Unterzeichnung des deutsch-polnischen Nachbarschaftsvertrages in Bonn.

20.6.1991: Der deutsche Bundestag beschließt, den Parlaments- und Regierungssitz von Bonn nach Berlin zu verlegen.

*19.11.1991: Schewardnadse wieder Außenminister der UdSSR.*

21.12.1991: Ende der Sowjetunion und Gründung der Gemeinschaft Unabhängiger Staaten (GUS).

4.3.1992: Wiener Abschlußdokument der Verhandlungen über vertrauens- und sicherheitsbildende Maßnahmen in Europa (VSBM).

*10.3.1992: Schewardnadse wird Vorsitzender des Staatsrats in Georgien.*

24.3.–8.7.1992: Viertes KSZE-Folgetreffen in Helsinki. Unterzeichnung des »Open-Skies«-Vertrages; Aufnahme Georgiens, Kroatiens und Sloweniens in die KSZE (52 Mitgliedsstaaten).

*12.–13.4.1992: Außenminister Genscher beim Vorsitzenden des Staatsrats Schewardnadse in Georgien. Anlaß: Aufnahme diplomatischer Beziehungen.*

*18.5.1992: Rücktritt von Außenminister Hans-Dietrich Genscher. Nachfolger: Dr. Klaus Kinkel.*

25.5.1992: Eröffnung des ersten Ausbildungslehrgangs des Auswärtigen Amts für junge Diplomaten aus den mittel- und osteuropäischen Staaten sowie den GUS-Staaten und Georgien in Berlin.

*13.10.1992: Schewardnadse zum Staatschef in Georgien ernannt.*

12.12.1993: Mehrheitliche Zustimmung zur neuen russischen Verfassung und erste freie Wahlen zum neuen Parlament in Rußland.

# Bildnachweis

Karikaturen:

S. 57: Neue Osnabrücker Zeitung, 12.6.1990
S. 70: Westfälische Nachrichten (Schöpper), 18.6.1990
S. 72: Westfälische Nachrichten (Schöpper), 19.6.1990
S. 98: Neue Osnabrücker Zeitung, 10.2.1990
S. 102: Mannheimer Morgen (Günter Ryss), 23.6.1990
S. 174: General-Anzeiger (Mohr), 22.11.1991
S. 196: Hessische Allgemeine (Wolf), 14.9.1990


Fotos:

Auswärtiges Amt, Bonn: 4
Bundesbildstelle Bonn (Wegmann): 1, (Schambeck): 2
dpa, Frankfurt: 1
Jürgens Ost und Europa Foto, Köln: 3
Günther Koenig: 1
Julia Meyer-Loos: 1
Helmut R. Schulze, Heidelberg: 3

**Band 61299**

**Kai Diekmann/Ulrich Reitz/
Wolfgang Stock**

**Roman Herzog**

Seit dem 23. Mai 1994 hat Deutschland einen neuen Bundespräsidenten: Roman Herzog, 60, ehemaliger Präsident des Bundesverfassungsgerichts.
In diesem Buch erzählt Roman Herzog aus seinem Leben und nimmt zu aktuellen politischen Fragen wie deutsche Einheit, Familienpolitik, Ausländerfeindlichkeit und Außenpolitik Stellung. Außerdem umreißt er, welchen Problemen er sich in seinem neuen Amt vor allem widmen will.
*Kai Diekmann*, stellvertretender Chefredakteur bei Bild, *Ulrich Reitz*, Leiter des Bonner Korrespondentenbüros von Focus und *Wolfgang Stock*, Bonner Korrespondent der Frankfurter Allgemeinen Zeitung, haben den neuen »ersten Mann im Staat« porträtiert.
Mit Beiträgen von Norbert Blüm und Friedrich Karl Fromme.

**Band 60340**

**Anatoli Sobtschak**
**Für ein
neues Rußland!**

Anatoli Sobtschak, der Bürgermeister von St. Petersburg, gilt neben Boris Jelzin als entschiedenster Vertreter des neuen Denkens in Rußland und der Gemeinschaft Unabhängiger Staaten überhaupt, als unbeugsamer Verfechter von Rechtsstaatlichkeit und freier Marktwirtschaft. Sein Buch beschreibt nicht nur den täglichen Kampf vieler Millionen Russen für die neugewonnene Freiheit und für ein besseres, menschenwürdigeres Leben, es legt auch Zeugnis ab von dem visionären Weltblick, der politischen Überzeugungskraft und dem persönlichen Mut seines Autors.

*»Es ist ein außergewöhnlicher Mensch, der uns beim Lesen des Buches begegnet. Ein außergewöhnlicher Mensch, der in der Stunde der Bewährung zu einer Hoffnung für das ganze Land wurde.«*   Hans Dietrich Genscher

Mit zahlreichen Abbildungen

**Band 60362**

**Shintaro Ishihara**
**Wir sind die Weltmacht**

Japan gehört die Zukunft. Das ist das Fazit dieses brisanten Buchs des bekannten japanischen Politikers Shintaro Ishihara. Das amerikanische Militärpotential ist vollständig abhängig von japanischen Chips. Japan kontrolliert als reichstes Land der Erde die internationalen Finanzmärkte. Der wichtigste Absatz- und Produktmarkt der Zukunft, die asiatischen Länder, ist in japanischer Hand, und trotz der chinesischen Herausforderung ist Japans Optimismus ungebrochen. Ishihara faßt hier die Ziele der Außen- und Wirtschaftspolitik seines Landes kurz und übersichtlich zusammen. Johannes Gross, der Herausgeber des Wirtschaftsmagazins 'Capital', hat diesem Buch ein bemerkenswertes Vorwort beigegeben.

**BASTEI LÜBBE**

**Band 61303**

Sonja Kochius
**Hillary Clinton**

Jung und dynamisch, hochgebildet und erfolgreich – das ist Hillary Rodham Clinton. Erste politische Erfahrungen sammelte sie als Gouverneursgattin in Arkansas, beruflichen Erfolg hatte sie als Top-Anwältin sowie als Mitglied in zahlreichen Aufsichtsräten und ihr soziales Engagement gilt vor allem den schutzbedürftigen Kindern. Noch kein Präsident konnte so wie Bill Clinton auf die Unterstützung einer derart kompetenten Frau zählen, die als erste ihr – inoffizielles – Amt als First Lady mit neuen Inhalten füllte und sich nicht mit Repräsentationspflichten zufrieden gab. Sonja Kochius erlebte Hillary Clinton während des Präsidentschaftswahlkampfs und führte viele Gespräche mit Familienmitgliedern und Freunden. Dadurch gewann sie einen ungewöhnlich umfassenden Einblick in die Persönlichkeit und das Leben dieser Frau.

# *Biographie*

Als Band mit der Bestellnummer 61219 erschien:

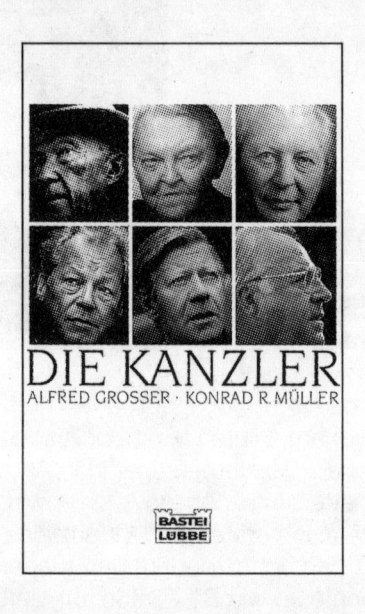

**DIE KANZLER**
ALFRED GROSSER · KONRAD R. MÜLLER

Sechs Portraits der sechs Bundeskanzler:
Konrad R. Müllers Fotostudien zeigen die Regierungschefs der Bundesrepublik, wie man sie so noch nie sah: Autorität und Zweifel, Größe und Einsamkeit werden deutlich. Dazu ein Essay von Alfred Grosser, der dieses Buch zu einem wichtigen Zeitdokument und literarischen Erlebnis werden läßt.

**BASTEI LÜBBE**